Violência no campo

O latifúndio e a reforma agrária

Violência no campo

O latifúndio e a reforma agrária

Júlio José Chiavenato

Pesquisador e autor de diversas obras, como *As lutas do povo brasileiro — do "Descobrimento" a Canudos*; *Ética Globalizada e sociedade de consumo*; e *O Golpe de 64 e a ditadura militar*, todos pela Editora Moderna.

2ª edição

Edição reformulada

Moderna

1ª edição 1996

Moderna

COORDENAÇÃO EDITORIAL José Carlos de Castro
EDIÇÃO DE TEXTO Ademir Garcia Telles
PREPARAÇÃO DE TEXTO Lellis Assessoria Editorial
COORDENAÇÃO DE PRODUÇÃO GRÁFICA Fernando Dalto Degan
COORDENAÇÃO DE REVISÃO Estevam Vieira Lédo Jr.
REVISÃO Ed. Mania de Livro Ltda.
EDIÇÃO DE ARTE, PROJETO GRÁFICO E CAPA Ricardo Postacchini
FOTO CAPA Dida Sampaio/AE
COORDENAÇÃO DE PESQUISA ICONOGRÁFICA Ana Lucia Soares
PESQUISA ICONOGRÁFICA Vera Lucia da Silva Barrionuevo
As imagens identificadas com a sigla CID foram fornecidas pelo Centro de Informação e Documentação da Editora Moderna.
CARTOGRAFIA Alessandro Passos da Costa, Aline Pellissari Antonini Ruiz, Rodrigo Carraro Moutinho
DIAGRAMAÇÃO Ricardo Yorio
COORDENAÇÃO E TRATAMENTO DE IMAGENS Américo Jesus
SAÍDA DE FILMES Helio P. de Souza Filho, Marcio Hideyuki Kamoto
COORDENAÇÃO DE PRODUÇÃO INDUSTRIAL Wilson Aparecido Troque
IMPRESSÃO E ACABAMENTO Bartira Gráfica e Editora Ltda.

Dados Internacionais de Catalogação na Publicação (CIP)
(Câmara Brasileira do Livro, SP, Brasil)

Júlio José Chiavenato 1988- .
Violência no campo / Chiavenato júlio. —
2. ed. reform. — São Paulo : Moderna, 2004. —
(Coleção polêmica)

Suplementado pelo manual do professor.

1. Política 2. Ciência — História I. Título.
II. Série.

03-6866 CDD-509

Índices para catálogo sistemático:
1. Ciência : História 509

ISBN 85-16-04186-7

EDITORA MODERNA LTDA.
Rua Padre Adelino, 758 - Belenzinho
São Paulo - SP - Brasil - CEP 03303-904
Vendas e Atendimento: Tel. (0_ _11) 6090-1500
Fax (0_ _11) 6090-1501
www.moderna.com.br
2004

Impresso no Brasil

Esquecei que os frutos são de todos e a terra, de ninguém.

Jean-Jacques Rousseau

Sumário

Introdução

Este livro trata de um dos problemas mais sérios do Brasil: a posse e o uso da terra. Nosso país possui os maiores latifúndios e uma das maiores concentrações de renda do mundo. Somos o país no qual a miséria na zona rural cresceu mais em todo o planeta.

Ao longo da história da humanidade, o latifúndio tem sido gerador de miséria para a maioria do povo e de riqueza para a ínfima elite que detém o poder, impõe políticas antipopulares e defende o imobilismo social. Os latifundiários não querem mudanças, porque não admitem perder privilégios a eles concedidos desde que os europeus começaram a explorar o Brasil — não importa que esses privilégios beneficiem uma parcela insignificante de grandes proprietários de terras e prejudiquem o conjunto da nação.

O resultado dessa situação, além da miséria e do atraso social e econômico, é uma onda de violência, que, do campo, esparrama-se pela sociedade brasileira. A violência social no Brasil tem origem na má distribuição de terras, que gera injustiça e multiplica os atos violentos em todos os graus e setores da sociedade.

Partindo de alguns aspectos da violência no campo, tentei demonstrar as suas relações com a sociedade. A análise da posse da terra, com base na violência repressiva contra os sem-terra, indica claramente que o Brasil precisa fazer a reforma agrária: ela deveria ter acontecido há pelo menos duzentos anos. Nosso atraso é de dois séculos!

Nesta investigação sobre a violência e o uso abusivo da terra, veremos que as leis brasileiras não ajudam os trabalhadores, mas servem aos latifundiários. O Judiciário, por sua vez, respalda ações violentas da Polícia Militar, que nos últimos anos tem assassinado às claras centenas de sem-terra, às vezes com requintes de crueldade.

Muitos exemplos dos anos 1990, quando escrevi a primeira edição deste livro, permanecem por serem significativos e, de certa forma, atuais. Algumas tabelas do IBGE datam do começo dos anos 1990 e outras trazem resultados mais recentes, de acordo com o censo de 2002.

Quanto aos políticos, esses ficam entre o cinismo e o oportunismo: não produziram nenhuma lei ou ação efetiva para distribuir as terras improdutivas aos milhões de camponeses brasileiros.

Apoiei-me em dados oficiais, utilizando estatísticas do Instituto Brasileiro de Geografia e Estatística (IBGE), do Instituto Nacional de Colonização e Reforma Agrária (Incra), de ministérios e de vários órgãos brasileiros, além de pesquisas da Organização das Nações Unidas (ONU) e de outras instituições internacionais. Levantei e relacionei informações que comprovam a perversidade da posse da terra no Brasil: em todo o mundo, "jamais" existiram tantos privilégios para o latifúndio como no nosso país. Aqui, chegamos ao absurdo de 1,9% dos proprietários de terra possuírem 54,64% das terras agricultáveis, como atestam o IBGE e o Incra.

Há também a atualização do relatório sobre quantos são e o que ganham os lavradores brasileiros, baseado nos dados do Censo Demográfico e do *Anuário Estatístico do IBGE*, do ano 2000 (o último realizado). Confirmaremos então que, além dos trabalhadores escravos, reconhecidos oficialmente pelo governo federal e causa antiga de escândalo internacional — o que parece não impressionar os brasileiros —, mais de 4 milhões de camponeses (cerca de 30% da força de trabalho no campo) continuam trabalhando de graça. Subiu para 2,5 milhões os que ganham menos de meio salário mínimo (no censo de 1991, que consta na primeira edição deste livro, publicada em 1996, eles eram 1,6 milhão. Atualmente, a população rural diminuiu 13%, mas aumentou em 36% o número de trabalhadores que ganha menos de meio salário mínimo). Na zona rural, 82,2% da população não tem água encanada e 96,7% não tem esgoto; 59,4% não conta sequer com fossas rudimentares, isto é, nada que se pareça a latrinas (a conhecida "casinha") e 91,37% não tem fossas sépticas.

Com esses "ingredientes", não poderia escrever um livro ameno. A realidade é dura, mas tem de ser encarada. Nada no Brasil mudará enquanto não eliminarmos a fonte da miséria: o latifúndio.

1. As formas da violência

A VIOLÊNCIA TEM VÁRIAS FACES. É PRECISO CONHECÊ-LAS ALÉM DA SUA APARÊNCIA. OS ATOS VIOLENTOS SÃO MANEIRAS DE DOMINAÇÃO CONDICIONADAS POR UM CONTEÚDO QUE ÀS VEZES NÃO PERCEBEMOS. OS ESPANCAMENTOS E AS MORTES EXPRESSAM UM CONTEÚDO SOCIAL QUE EXPLODE CONTRA OS FRACOS E OPRIMIDOS, EM NOME DA PREPOTÊNCIA DOS QUE DETÊM OS PRIVILÉGIOS SOCIAIS E POLÍTICOS.

Além da aparência

Todos sabemos o que é violência. Mas para não ficarmos impressionados apenas com as cenas explícitas de pancadaria e sangue, é preciso que nos aprofundemos um pouco mais no conceito de violência. A velocidade com que nos chega a informação induz a uma certa superficialidade cômoda em relação ao sistema político que nos domina. Portanto, não é bom nos apressarmos dizendo que a violência, além das balas perdidas que matam os cariocas ou da ação dos justiceiros que "limpam" os subúrbios paulistanos, também é a Polícia Militar armada de metralhadoras e invadindo com cães e bombas de gás os acampamentos de trabalhadores rurais.

A cena já se banalizou na televisão: o camponês tenso, as veias do pescoço intumescidas, defende-se, com a enxada, da tropa que avança com cassetetes e atira para o ar, tentando dispersar o grupo que protesta ou pretende ocupar uma determinada área. Banal também é o repórter mostrar os cartuchos queimados de escopetas ou metralhadoras, que foram disparados contra os camponeses. Não raro, a mãe — ou o pai, o marido, a esposa etc. —, aos prantos, expõe o cadáver, o sangue, os feridos. E, fechando a reportagem, a indignação do bispo ou do padre da região, acusando as autoridades de tornarem-se cúmplices dos latifundiários para expulsar da terra o trabalhador rural.

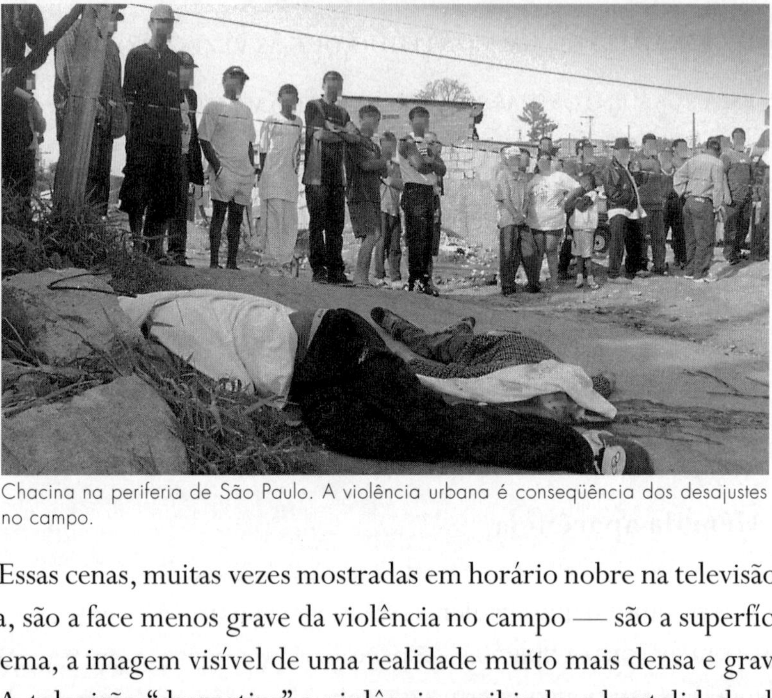

EDSON QUEIROZ / DIÁRIO POPULAR-AG. O GLOBO

Chacina na periferia de São Paulo. A violência urbana é conseqüência dos desajustes no campo.

Essas cenas, muitas vezes mostradas em horário nobre na televisão brasileira, são a face menos grave da violência no campo — são a superfície do problema, a imagem visível de uma realidade muito mais densa e grave.

A televisão "dramatiza" a violência, exibindo a brutalidade da repressão. As imagens de pancadaria e assassinato revelam os resultados da violência formal, com cenas tão fortes e emotivas que nos afastam da crítica das suas causas.

Fácil e difícil

É necessário examinar o conteúdo dessa violência. E isso tem sido uma tarefa bastante fácil, embora repudiada. Fácil, porque é evidente que a causa da violência dramática vista pela televisão é a absurda concentração de renda no Brasil: uma das maiores do mundo. Uma ínfima minoria detém a maior parte da renda e é dona da maioria das propriedades. Foi o processo histórico — "ainda em andamento" — que produziu o sistema latifundiário, em que extensões de terra, às vezes maiores que muitos países da Europa, pertencem a um único dono. Eis por que também é difícil trabalhar essa realidade: as elites sociais e políticas brasileiras são originárias e beneficiárias desse sistema de exploração e sentem-se desconfortáveis ao discutir seriamente a questão agrária (estudaremos o latifúndio mais detidamente no Capítulo 5).

Não é à toa que tais elites, que compõem as classes dominantes e dirigentes, sintam-se mal diante do problema: debater a reforma agrária é assumir a responsabilidade de privilégios que precisam acabar porque prejudicam o povo brasileiro. Grande parte dessa elite ainda repudia qualquer discussão sobre a reforma agrária, pois não quer perder nenhum dos privilégios que usurpou historicamente. Para os homens mais poderosos do Brasil — os latifundiários —, essa usurpação é considerada um direito e está garantida por lei.

Racionalmente, é impossível separar as coisas: os problemas agrários, os agrícolas e os trabalhistas no campo só se resolvem com uma nova política fundiária, isto é, com uma redistribuição de renda que comece pela divisão de terras dos latifundiários entre os camponeses.

É evidente que os latifundiários seriam prejudicados, já que perderiam suas terras ociosas, que servem de lastro para empréstimos e especulação com os bancos oficiais — os quais tiveram dificuldades e acabaram privatizados, entre outras causas, por atender esses parasitas, estabelecidos também nas Câmaras, no Senado e em todos os desvãos do poder. Sem sua base territorial, os latifundiários perderiam também a capacidade de corromper e, principalmente, de explorar — ao limite de matar de fome crianças no ventre das mães —, para se enriquecer cada vez mais, enquanto a nação navega na sua histórica desgraça.

Por isso é fácil e difícil.

É como a aids: diagnosticar é fácil, curar ainda é impossível. E há aqueles que nem sequer acreditam na doença...

Nós somos a violência

Ao analisar as estatísticas, é fácil constatar a injustiça na distribuição de terras, bem como verificar que o trabalhador rural é tratado como escravo. Difícil é discutir a realidade em nível que englobe toda a estrutura social do Brasil. Esse debate mexeria com os grandes interesses, exigiria a participação de todos no processo de mudança e poderia comprometer os privilégios que estão arraigados nas nossas elites e, também, na classe média alta. Além do mais, nestes tempos neoliberais, apesar da crise que enfrenta, a classe média ascendente não quer perder o "carnaval consumista" e sonha com um importado qualquer.

Por isso é difícil mudar.

A questão rural deixa de ser um problema para transformar-se em um drama. Dramatiza-se a violência. As imagens de homens, mulheres e crianças espancados ou mortos emocionam — e a emoção afasta-nos da crítica. Aliás, estamos condicionados a não criticar a sociedade em seu conteúdo: foi assim que nos educaram. Somos, portanto, pessoas

BETO BARATA / AE

Policiais militares fazem *blitz* na entrada da cidade paulista de Presidente Epitácio, no Pontal do Paranapanema, e ronda no superacampamento "Jaihir Ribeiro", do MST, em junho de 2003.

"cultas". Como nossos avós, que nada tinham em comum com os negros da senzala, também nós nada temos a ver com os rudes homens do campo. Como nossos avós, que, nada tendo a ver com os escravos, desejavam sua liberdade, porque tudo aquilo era desumano, nós preferimos que os camponeses não sejam mortos ou espancados, pois isso é muito cruel. E como nossos bons avós, que fizeram a Lei Áurea, a qual deu aos negros o trabalho pesado sem dor de consciência aos brancos cultos, assim nós gostaríamos de uma lei que punisse os homens maus, os quais, armados de cassetetes e metralhadoras, espancam e matam os bons camponeses, que produzem os alimentos que comemos.

Assim, inconscientemente, alimentamos a violência. Uma vez que não avaliamos profundamente o conteúdo da violência, e nos deixamos envolver pela sua aparência, permitimos que as autoridades nos iludam com medidas formais. A emoção leva-nos à solidariedade e à dor pelas vítimas, e contentamo-nos com a punição dos malvados. O sistema beneficia-se dessa falta de consciência crítica e a sua estrutura econômica, que gera a violência, permanece intocada.

É preciso lembrar que existe uma violência formal, derivada de uma violência em conteúdo, que determina certos procedimentos sociais. Por exemplo: as pessoas que se indignam com a brutalidade da Polícia espancando e matando, e esperam que o Judiciário contenha os soldados, precisam ser lembradas de que a Força Policial só se move por determinação judicial!

O trabalho infantil

Há muitos tipos de violência, desde a exploração do trabalho infantil e modelos "modernizados" de escravismo até o mais agressivo conflito social. São "formas" que derivam de um "conteúdo": a concentração de terras (o latifúndio) com a conseqüente concentração de riquezas.

O trabalho infantil ainda é comum no campo. No Brasil existem cerca de 17,5 milhões de crianças de 10 a 14 anos. Na zona rural estão quase 4 milhões delas, das quais em torno de 2,7 milhões trabalham

(69,8%). Esses dados tornam-se mais dramáticos se analisarmos a faixa etária de 10 a 17 anos: as crianças maiores de 14 anos trabalham mais e estudam menos, ou nem freqüentam a escola. Na zona rural, os adolescentes são considerados e trabalham como adultos. Mesmo na região agrícola mais evoluída do Estado de São Paulo, exploram-se crianças no corte de cana-de-açúcar, como em Ribeirão Preto (conforme constatou o Ministério Público, em maio de 1995), a despeito de o Estatuto da Criança e do Adolescente proibir "trabalhos penosos" aos menores de 18 anos. A exploração de crianças em atividades perigosas pode acarretar de três meses a um ano de prisão. No entanto, como sempre, os usineiros nunca são incriminados — já que nas suas terras trabalham menores contratados pelos "gatos", empreiteiros de mão-de-obra que, entre outras coisas, livram os latifundiários das obrigações trabalhistas e lhes permitem usufruir o trabalho de adolescentes e mesmo de crianças de 5 anos.

MARCO ANTONIO SÁ / KINO

A exploração da mão-de-obra infantil é proibida, mas acontece até nas regiões agrícolas mais ricas do Brasil.

As crianças empregadas na colheita de cana-de-açúcar ganham por produção e chegam a cortar 5 toneladas por dia. Até o final da década de 1980, 17% dos trabalhadores rurais no Estado de São Paulo eram menores de 15 anos. Só na região de Lins, em 1986 havia 150 mil menores trabalhando no campo. O corte de cana-de-açúcar é um dos serviços mais duros do campo: as folhas ferem rosto e mãos e por isso as crianças trabalham com panos enrolados pelo corpo. Às vezes, a exploração do trabalho infantil chega a extremos de violência e crueldade, como no caso do menino Valmir Rodrigues de Souza, de 8 anos. Em outubro de 1991, ele foi assassinado a socos pelo seu patrão, o fazendeiro Toinho Chorenga, em Barreiras (BA), porque, ao conduzir um carro de bois, deixou-o encalhar.

Trabalho escravo

A prática do trabalho escravo vem aumentando no Brasil. Configura-se como "trabalhador escravo" o camponês que é impedido de deixar a propriedade em que trabalha e mora e é obrigado a exercer, forçosamente, suas tarefas. Geralmente, o trabalhador fica preso ao patrão ao contrair dívidas no armazém da fazenda, que cobra preços abusivos. Enquanto não saldar a dívida, aquele trabalhador rural fica impossibilitado de ir embora. Vigiado pelos "seguranças", é caçado se tentar fugir e pode ser morto caso não volte pacificamente.

As convenções internacionais reconhecem esse trabalho escravo como um gênero do "trabalho forçado". No Brasil, o número de trabalhadores escravos vem aumentando: de 1989 até 1993 cresceu 33,4 vezes. Essa prática, mais comum do que se pensa — e verificada até mesmo em regiões desenvolvidas do País, como no Estado de São Paulo —, não é um anacronismo; pelo contrário, está ligada ao "progresso" e à mecanização do campo, em uma das mais extraordinárias contradições brasileiras.

Em 1993 foram registrados 19.940 casos de trabalhos forçados, tendo sido encontradas carvoarias que mantinham 8 mil camponeses coagidos. Empresas modernas, como a Destilaria Debrasa, em Brasilândia (MS), mantiveram, em 1993, 1.366 pessoas em regime de trabalho forçado. As conhecidas como "61 Fazendas", em Carmo do Paranaíba e Patrocínio (MG), utilizaram-se de 4.316. Em Limeira (SP), a Usina Santa Bárbara utilizou 51 "escravos" e em Pirapora do Bom Jesus (SP), a Fazenda Cacique usou 32. Embora a partir de 1990 o Brasil tenha adotado uma política enérgica de combate ao trabalho escravo, segundo informações do Ministério do Trabalho e Emprego, da Polícia Federal e do Ministério Público, o número de casos de trabalho forçado ainda configura uma situação grave. Em janeiro de 2004 existiam mais de 40 mil pessoas em regime de trabalho forçado (dados da Secretaria da Inspeção do Trabalho, órgão do Ministério do Trabalho e Emprego), mas organismos internacionais de defesa dos direitos humanos elevam esse número para 200 mil. Em 2003, por exemplo, segundo fontes governamentais, foram liberados 4.256 trabalhadores que estavam em regime de escravidão. Alguns se encontravam em fazendas cujos proprietários são políticos de destaque no cenário nacional, como é o caso do deputado federal Inocêncio de Oliveira, do Partido da Frente Liberal (PFL). Em fevereiro de 2004, fiscais do Ministério do Trabalho e Emprego encontraram 32 trabalhadores forçados na fazenda do senador João Ribeiro (PFL), no Pará.

Esses são casos comprovados legalmente e reconhecidos como "trabalho escravo". No entanto existem inúmeros outros envolvendo trabalho forçado que acabam sendo julgados como infrações trabalhistas, sem maiores punições para os responsáveis. Foi o que ocorreu, por exemplo, com 92 lavradores vindos, em maio de 1995, do norte de Minas Gerais para a cidade de Luís Antônio, que fica na região de Ribeirão Preto (SP), para cortar cana-de-açúcar. O empreiteiro que os trouxe colocou-os em um galpão de 18 metros quadrados, onde viviam em condições subumanas. Esses trabalhadores foram abandonados pelo "gato", que desapareceu, e não encontraram emprego. Ficaram sem alimentos, partilhavam de uma só privada, já sem descarga, e não tinham chuveiro. O dono do galpão declarou não ter nada com a questão. A Polícia Militar interditou o local e "recolheu" os trabalhadores, que posteriormente deveriam ser devolvidos às suas cidades. E o episódio, assim, acabou. Como esse, existem dezenas de outros casos, às vezes até mais graves do que o trabalho forçado, mas que, por várias razões, não entram nas "estatísticas".

É preciso considerar ainda que não há fiscais do trabalho em número suficiente e grande parte dos existentes não tem condições para cumprir sua tarefa a contento. As Delegacias Regionais do Trabalho contam com poucos fiscais. O trabalho forçado, ou escravo, assumiu tão graves proporções que, em setembro de 1992, o governo federal criou o Programa de Erradicação do Trabalho Forçado e do Aliciamento de Trabalhadores (Perfor), mas, infelizmente, não conseguiu regulamentá-lo. Até mesmo o Incra perdeu sua capacidade administrativa e fiscalizadora, por falta de pessoal. Um relatório da Associação dos Funcionários desse instituto informou que para assentar as 500 mil famílias cujos processos de desapropriação estão concluídos, bastando a assinatura dos decretos, seria necessário contratar mais 8 mil funcionários. Como se sabe, o governo federal vem fazendo o inverso: demite.

Além de poucos, os fiscais do trabalho são ameaçados e alguns assassinados. Alguns proprietários rurais, expressando uma cultura de impunidade e mandonismo, encomendam o assassinato de fiscais que tentam impedir os abusos contra trabalhadores do campo. Em Unaí, no noroeste de Minas Gerais, em 28 de janeiro de 2004, foram assassinados três auditores e um motorista do Ministério do Trabalho e Emprego que verificavam irregularidades trabalhistas e abusos contra lavradores nas lavouras de feijão. Desde 2002, quando denunciaram um político local por utilizar trabalho escravo, os fiscais do Ministério do Trabalho e Emprego eram ameaçados de morte. Em pleno século XXI, a situação continua tão grave, que o Sindicato Nacional dos Auditores Fiscais do Trabalho (Sinait) afirmou não ser possível continuar a fiscalização em zonas rurais sem contar com proteção policial.

Violência e cultura

Mais grave do que o uso de armas e a brutalidade policial contra o sem-terra é sujeitá-lo ao conflito cultural que destrói sua sanidade psíquica. Pior, talvez, que o matar fisicamente, alijá-lo da terra significa matar sua alma, transformá-lo em um autômato, alienado da sua cultura — mais um "lúmpen" (indivíduo desvinculado da produção social ou que vive na extrema miséria) que o latifúndio joga na periferia suburbana[1].

Quando o trabalhador é expulso do campo e torna-se migrante, ele não se integra à nova comunidade urbana. Vive na periferia, à margem da sociedade, nas favelas ou nos cortiços, em choque constante com uma cultura que não é a sua. Ocorre, pois, um conflito sociocultural. Perde os seus valores culturais e morais — que não pode manter na "suburbanidade" em que vive — e confronta-se desfavoravelmente com uma nova moral, que lhe determina outro comportamento.

Privado do seu espaço físico, sem a sua paisagem, fica indefeso à penetração da cultura urbana. Mas essa aculturação acontece falsamente, com uma absorção ilegítima de valores "urbanóides", como a música sertaneja, representada por famosas duplas caipiras do tipo Chitãozinho e Xororó. Essa música e tais duplas, símbolos da profanação cultural que sofre o migrante rural, não são o resultado de uma adaptação, degeneração ou exploração da música rural autêntica, que faz parte do universo do homem do campo: na verdade, são corruptelas ordinárias da *country music* norte-americana. Em suma, o que esse tipo de música provoca (porque é reconhecida, mas não identificada) é a alienação que o joga, sem defesas, na máquina de massificação industrial. O migrante rural transforma-se duplamente em escravo: como trabalhador lúmpen ou subempregado e como potencial consumidor do lixo mais *kitsch* da sociedade capitalista — há uma indústria de vestuário e de toda sorte de objetos lucrando com esse assassinato cultural.

Na outra ponta do consumo cria-se, ironicamente, um mercado grã-fino inspirado na miséria camponesa exposta na sociedade urbana. É o modismo *country* de butique, a moda de viola eletrônica explodindo nos *tapes* de camionetas de luxo. Alguns intelectuais até acham chique freqüentar "festas populares" como a caricatural Festa do Peão de Boiadeiro, de Barretos, no interior do Estado de São Paulo.

[1] Periferia suburbana já deixou de ser pleonasmo: o sem-terra jogado na cidade fica na periferia do subúrbio, ou, se quiserem, na periferia da periferia urbana.

2. Fatos e números

QUASE SEMPRE A VIOLÊNCIA SOCIAL ATINGE GENTE TÃO DISTANTE DE NÓS, QUE ACHAMOS QUE NADA TEMOS A VER COM ELA.

NO ENTANTO, QUANDO ANALISAMOS OS MOTIVOS DA VIOLÊNCIA, PERCEBEMOS QUE É UM FENÔMENO QUE AGRIDE TODA A SOCIEDADE, ALÉM DE SER MAIS GRAVE DO QUE PARECE.

MUITAS VEZES, A VIOLÊNCIA É PRATICADA EM NOME DA LEI, O QUE POSSIBILITA UMA BRUTALIDADE AUMENTADA.

O que você tem a ver com isso?

Seria mais "eficiente" escrever este texto com uma "boa técnica jornalística". Os jornais não "teorizam" a violência. Os jornalistas acostumaram-se a ir aos fatos, a mostrar o que aconteceu: o que se demonstra por si. Evita-se interpretar os acontecimentos e, assim, para o público estes são o que aparentam ser. Na verdade, essa busca da "realidade", que pode parecer materialista para alguns, nada mais é — sei que a comparação é grosseira — que um tratamento "metafísico". Para a metafísica, as coisas são o que são. O bem é o bem, o mal é o mal.

Para entender o fenômeno da violência e da injusta distribuição de terras, será melhor olhar as coisas "dialeticamente". Há mais de 2 mil anos, os gregos nos ensinaram que dialeticamente as coisas estão sempre mudando — se aparentam ser de uma forma hoje, é porque foram diferentes ontem —, além de ter uma origem concreta, plena de contradições.

A linguagem jornalística vai direto ao assunto: "aconteceram tantas invasões de terras", "a Polícia reprimiu com violência", "mortos, feridos...". São feitas entrevistas com camponeses, militares, políticos, latifundiários e talvez um editorial pedindo uma política agrária. Tudo isso, quando em demasia, aborda apenas uma face da questão: justamente a da violência formal, o último ato de acontecimentos e que tem raízes bem mais profundas, alicerçadas na estrutura social e afirmadas na nossa tradição histórica.

Enfim, o impacto dramático dos "últimos atos" tem dimensão suficiente para despertar o interesse do leitor de jornal: homens, mulheres e crianças fugindo de bombas, tiros e patas de cavalos — alguns morrem. Os efeitos são mais espetaculares do que as causas. Mas se quisermos entender o problema, é melhor que procuremos suas raízes.

Antes, cabe uma pergunta: o que você tem a ver com isso?

O leitor deste livro, certamente habitante urbano, de cidade média ou grande, com muita sorte talvez já tenha visto um milharal ou uma vaca. A questão agrícola, portanto, mais especificamente a violência no campo, pode lhe parecer distante, sobretudo porque também enfrenta no cotidiano ameaças concretas à sua vida. Ir à escola, ao trabalho ou simplesmente sair de casa são riscos nas grandes e nas médias cidades. Se podemos ser assaltados e mortos por alguém que quer o nosso tênis, por que nos preocuparmos com a violência no campo? "Justamente para não sermos assaltados e mortos."

Para justificar essa resposta, devemos ter em mente que a violência no campo é fruto da má distribuição da terra, que é a raiz da injustiça social. Esta, por sua vez, é a responsável pela extrema riqueza de uns poucos e a miséria de muitos. Dentro desse sistema, o homem se brutaliza. O processo atinge a todos. A sociedade consumista urbana agrava as diferenças. O velho humanismo ensinava o homem a "ser", e o novo modismo ensina-o a "ter". Em meio a essas contradições econômicas e filosóficas explode a violência "formal" — espancamentos, assassinatos de camponeses, assaltos na cidade são os resultados do "conteúdo" de uma sociedade injusta. O princípio do processo está no campo.

Números frios, imagens ausentes

De 1964 a 1994, foram assassinados 1.937 trabalhadores rurais em todo o País. A grande maioria foi morta por pistoleiros, a mando de latifundiários. Outra parte foi executada — é essa a palavra — pela Polícia Militar, com respaldo legal do Poder Judiciário. No Brasil, donos de terras, pistoleiros, Polícia Militar e Judiciário são os grandes executores da violência no campo, com a complacência do Executivo e do Legislativo.

Em 1994 foram assassinados trinta lavradores sem-terra. Quando tanto se falava em direitos humanos e reforma agrária, uma família foi trucidada no Amapá, com requintes de crueldade que "orgulhariam" os grandes "desbravadores" do sertão. Cinco pessoas da família Magave foram esquartejadas como exemplo para que outros trabalhadores não cometessem o mesmo "crime": pedir terra para plantar.

Segundo dados do Incra, do Ministério da Justiça, da Polícia Federal e da Comissão Pastoral da Terra (CPT), amplamente publicados nos jornais, de janeiro a outubro de 2003 ocorreram 66 assassinatos de lavradores sem-terra. Isso significa que morreram, em 2003, mais sem-terra do que em 1994 e do que em 2002. De 1985 a 2002 aconteceram 1.280 assassinatos de sem-terra, uma média de 75,2 mortes por ano. Desses 1.280 assassinatos, só 121 casos foram a julgamento. Destes, apenas cinco réus foram condenados. Sendo assim, o *ranking* judiciário é: foram julgados apenas 9,4% dos crimes e condenados apenas 4,1% dos réus. Além disso, a maioria absoluta dos réus era de jagunços e empregados dos latifundiários. Apenas catorze mandantes de crimes foram a julgamento e, destes, sete foram condenados, mas nenhum está na cadeia. Ainda ocorreram, de 1985 a 2002, 6.330 prisões arbitrárias de camponeses, 715 casos de tortura e 19.349 agressões físicas.

Milhares foram presos, espancados, torturados, expulsos da terra e "desaparecidos".

A televisão nunca mostra o latifundiário satisfeito porque sua terra permanecerá improdutiva, porém valendo cada vez mais no selvagem jogo financeiro desta modernidade. E se aparecesse o juiz que deu a ordem para "limpar" a área de "invasores", certamente ele diria que seguiu as disposições legais.

Morreram muitos mais

Tal quadro precisa de algumas correções. Essas mortes aos milhares (desde 1964 até 2003) não foram as únicas. Esse número é o que as entidades de direitos humanos, o Movimento dos Trabalhadores Rurais Sem Terra (MST) e a CPT, em conjunto com sindicatos, pesquisadores de vários institutos e autoridades, conseguiram comprovar.

Durante a ditadura militar era impossível provar os assassinatos. Muitos trabalhadores foram mortos para que multinacionais e grandes proprietários ocupassem a terra em que, secularmente, viviam da coleta (como, por exemplo, no Pará e no Maranhão). O governo militar encobriu com eficiência essas mortes.

Os crimes, na maioria das vezes, são "ignorados". As autoridades ocultam a violência, principalmente em regiões longínquas — Amazônia, Norte, Centro-Oeste —, e raras vezes abrem-se inquéritos. E quando há inquérito, é comum não se chegar a um resultado prático. Os pistoleiros raramente são presos. Se vão para a cadeia, fogem. Se não fogem, são absolvidos ou recebem penas simbólicas. Os latifundiários mandantes ficam impunes.

Uma ou outra exceção acontece quando há repercussão internacional. Mesmo assim, em pouco tempo se esquece o caso, os criminosos escapam e raramente são capturados. O exemplo mais escandaloso é o dos homicidas do líder seringueiro e ambientalista Chico Mendes, morto em 22 de dezembro de 1988. Os dois assassinos, Darly Alves e seu filho Darcy Alves, fugiram da Penitenciária de Rio Branco, no Acre, e compareceram, em 10 de abril de 1994, ao enterro de Sebastião Alves da Silva — pai de um e avô do outro — sem serem detidos pela Polícia, que foi avisada da presença de ambos no local. Mais tarde, Darly foi recapturado e cumpriu metade da pena de trinta anos. Foi posto em liberdade condicional e, no final de janeiro de 2004, voltou a Xapuri (AC), onde, numa evidente provocação, "visitou" a Secretaria de Estado de Produção, onde trabalha o irmão de Chico Mendes. Recentemente foi denunciado que Darly, com dois filhos e associado a fazendeiros e seringueiros da região, tentou invadir assentamentos extrativistas do Incra, sendo impedido pelos fiscais do governo.

FERNANDO MARQUES/AE

O líder seringueiro Chico Mendes foi um dos poucos assassinados cujos matadores foram julgados e condenados. Apesar disso, os criminosos fugiram da prisão e vivem em liberdade.

Violência em nome da lei

No dia 19 de novembro de 1993, a Polícia Militar do Estado de São Paulo, com uma tropa de choque formada por cavalaria, cães e 2 mil soldados munidos de armas de guerra e apoiados por helicópteros, invadiu as fazendas Ribeirão dos Bugres e Jangada, em Getulina, para expulsar 2 mil famílias (cerca de 6 mil pessoas, entre trabalhadores, suas mulheres e seus filhos).

Disparando para o ar, açulando os cães contra os lavradores, fazendo os cavalos pisotearem as crianças e explodindo bombas de gás lacrimogêneo, dispersaram as famílias, derrubaram as barracas do acampamento, destruíram alimentos e objetos de uso cotidiano e feriram até bebês de colo.

A Polícia Militar cumpria ordem judicial e foi ostensivamente apoiada pelo então governador de São Paulo Luiz Antonio Fleury Filho. Os sem-terra ocupavam as duas fazendas há 41 dias —latifúndios improdutivos teoricamente destinados à reforma agrária. Mas o direito de posse dos latifundiários prevaleceu: um juiz ordenou à Polícia Militar que "limpasse" o local de "invasores".

O choque entre os lavradores e a Polícia Militar era esperado. Por isso tomaram-se várias providências. De um lado, o Estado ostensivamente preparou a tropa de guerra para "garantir a lei". De outro, grupos solidários com os trabalhadores ameaçados procuraram amenizar o confronto, buscando soluções mediadoras. Destacou-se nesse grupo

BETO BARATA/AE

Seguranças armados com armas de vários calibres contratados por fazendeiro do Pontal do Paranapanema para defender terras de sua propriedade contra possível invasão de sem-terra. Sandovalina, SP, julho de 2003.

o bispo de Lins, dom Irineu Danelon, que ofereceu várias alternativas para contemporizar o problema até que fosse encontrada uma solução final.

Se as propostas de dom Irineu tivessem sido aceitas, não teria ocorrido violência. Ele sugeriu, por exemplo, fixar os trabalhadores em uma faixa desocupada de 8 alqueires até o pronunciamento definitivo do governo federal sobre a provável ou possível desapropriação das terras.

Mas os latifundiários, com o apoio do então governador do Estado e do Poder Judiciário, exigiram que a Polícia Militar expulsasse as 2 mil famílias pelo uso de força. Em pouquíssimo tempo, formou-se a tropa de choque — "apareceram" recursos financeiros e os soldados apresentaram-se como se estivessem em guerra.

Um espetáculo brutal

Apesar da dramaticidade do caso e da manifestação candente de um bispo, a grande imprensa não deu atenção ao episódio — ele foi mal noticiado e rapidamente "desapareceu"[2].

Enquanto os soldados avançavam, protegidos pelos cães e pelos cavalos, os lavradores recuavam, com suas crianças gritando: "Não queremos guerra, queremos terra!". Dom Irineu Danelon, que tentou conter a violência, conta que ainda escuta as crianças gritarem por paz e terra:

> E a sociedade deu a elas bombas de gás lacrimogêneo, cachorros, policiais, cavalos, brutalidade. Aos poucos não gritavam mais.

Segundo o bispo, as leis não valeram para as crianças. Ele lembra que o artigo 18 do Estatuto da Criança e do Adolescente proíbe maltratar os menores. E tentou protegê-las:

[2] Há a seguinte lógica na sociedade brasileira: os pistoleiros matam e desaparecem; os latifundiários mandam matar e nunca aparecem; os trabalhadores morrem e desaparecem; os juízes condenam e desaparecem e ainda absolvem e desaparecem; os fatos acontecem, são noticiados, mas logo desaparecem.

> Como pastor, atento às 1,6 mil crianças, recorri ao Conselho Municipal da Criança e à Delegacia do Menor e procurei o curador de menores; recorri ao Fórum de Lins, fizemos por escrito nossa petição ao juiz de Getulina, insisti com os secretários da Justiça e da Segurança Pública, escrevemos e telefonamos ao governador Fleury Filho, ao presidente Itamar Franco, à Comissão de Justiça e Paz, ao procurador-geral da República, Aristides Junqueira; ousei até mesmo apelar para a Cruz Vermelha.

O bispo continua:

> Tudo em vão. Uma liminar tinha de ser cumprida.
>
> E as bombas de gás lacrimogêneo explodiam no meio das crianças, não só na hora da desocupação da fazenda, mas até na praça da igreja de Macucos, depois que as crianças tinham caminhado 17 quilômetros a pé, rejeitando com muita dignidade os ônibus oferecidos pela Polícia.
>
> As instituições gastam rios de dinheiro para tratar dos problemas das crianças, escrevem belos estatutos, multiplicam as reuniões e, depois, na hora da necessidade e do aconchego, oferecem-lhes os dentes dos cachorros, o estampido dos tiros, o sobressalto traumatizante de 2 mil soldados vestidos para a guerra.
>
> No desespero, um dos adolescentes chorava e dizia: "Tenho vergonha de ser brasileiro!".
>
> Eu também tive vergonha naquele momento!
>
> Estava ali vendo e gritava com o comandante; não acreditava que seriam capazes de fazer isso em nome de uma liminar de despejo, do Estado de Direito.

Dom Irineu conta que os trabalhadores foram dispersos, muitos foram presos e feridos, e complementa:

> As crianças ficaram pelos pastos quais animaizinhos abandonados pela sociedade (...) Na verdade, a nossa região se

transforma aos poucos em um grande pasto. Boi gordo e crianças magras.

Coragem policial

A lista dos feridos inclui até crianças de 1 ano de idade, como, por exemplo, Thiago Henrique dos Santos Rodrigues, que foi ferido por bomba. Valdir Crispim da Silva, de 13 anos, teve o pé queimado por bomba. Um cavalo pisoteou o braço e a mão de Fernando Rosa Lopes, de 6 anos, e o rosto de Eduardo Araújo da Silva, de 8 anos. Selma Cristina Estêvão Pereira, de 1 ano e 5 meses de idade, estava desidratada e piorou ao aspirar gases das bombas.

Além de outras crianças, cinqüenta adultos ficaram feridos. O depoimento da enfermeira Regina Célia Mariano de Menezes, de Lins, demonstra bem o tipo de repressão que a Polícia Militar do Estado de São Paulo pratica:

> O posto de atendimento do acampamento foi invadido pelos policiais, destruindo os medicamentos de primeiros socorros que iriam ser usados para os feridos, em sua maioria crianças.

Os corajosos soldados, depois de ferir as crianças, destruíram o posto médico e conseguiram o feito heróico de impedir o doutor André Luiz Martin de socorrer um menino ferido por baioneta.

A presidente do Conselho Municipal dos Direitos da Criança e do Adolescente de Lins, Amélia Novaes, informou:

> A Polícia Militar veio com a principal intenção de machucar as mulheres e as crianças e de provocar uma reação contra os homens do acampamento, e, assim, responsabilizar o Movimento dos Trabalhadores Rurais Sem-Terra pela violência.

A esse papel prestaram-se um governador, que consentiu, um secretário de Segurança, que ordenou, um secretário de Justiça, que convalidou, o Poder Judiciário, que legalizou a violência, e o presidente da República, que se omitiu. Não é demais transcrever os depoimentos de pessoas íntegras como o bispo de Lins e a presidente do Conselho Municipal dos Direitos da Criança e do Adolescente, segundo os quais a violência da Polícia Militar contra os trabalhadores foi premeditada: os soldados foram instruídos a ferir crianças, para "jogar a culpa nos que lutam pela terra".

Brutalidade ainda maior

Mais grave do que o conflito de Getulina foi o da fazenda Santa Elina, em Corumbiara (RO). Às 4 horas do dia 9 de agosto de 1995, a Companhia de Operações Especiais (COE), uma força mais violenta que a Polícia Militar, atacou os 1,3 mil sem-terra ali acampados. Morreram onze trabalhadores e um policial. A Polícia alegou que os lavradores reagiram. Estes últimos afirmam que a tropa chegou atirando. Entre os

ANDRÉ LIMA/AE

Os acampamentos dos sem-terra costumam ser invariavelmente destruídos pela polícia ou pelos capangas dos latifundiários. Na foto, o quadro resultante do conflito em Marilena, Paraná, em 1999.

mortos, uma menina de 7 anos, Vanessa dos Santos Silva, atingida pelas costas por um tiro que lhe varou o corpo. O sem-terra Ercílio Oliveira de Campos foi assassinado com dezenove tiros, alguns "de cima para baixo", segundo o laudo técnico, o que indicaria que ele foi "executado". Um lavrador não identificado morreu com um tiro na nuca, disparado a curta distância; outro, com doze tiros à queima-roupa; um outro desconhecido recebeu um tiro no olho, também "de cima para baixo", indicando ter sido "executado" enquanto estava de joelhos.

O laudo técnico concluiu ainda que houve um massacre: os onze mortos estavam rendidos quando foram assassinados. Os impasses costumeiros para a desocupação da área serviram de pretexto, mais uma vez, para a intervenção brutal de Forças Militares. O governador de Rondônia, que se omitiu no período das negociações frustradas, reconheceu depois que houve excesso e prometeu punir os culpados.

Os casos de Getulina e de Corumbiara — em dois extremos culturais e geográficos do País, os Estados de São Paulo e de Rondônia — são citados como exemplos: além de recentes (1993 e 1995, respectivamente), ilustram não só a injustiça social, a letargia política, a indiferença de grande parte da sociedade e a incompetência insensível do Judiciário, como também, e principalmente, a repetição impune da brutalidade de Forças Militares que matam em defesa do latifúndio.

A matança de Corumbiara foi "legal". A COE começou a atirar amparada por uma ordem do juiz de Direito de Colorado do Oeste, município a que pertence a fazenda Santa Elina. A grande imprensa destacou o massacre, mas, como sempre, não se preocupou em noticiar tudo o que aconteceu. Como, por exemplo, o grau da ferocidade dos policiais militares no confronto com os sem-terra.

Segundo o vigário episcopal de Corumbiara, José Maria Pinheiro:

> O que vem após a intervenção ilegal dos policiais militares supera toda atrocidade que se possa imaginar. Cito um exemplo, dos mais atrozes: um agricultor morto pela Polícia, por ordem dela, estava sendo carregado por outro. O cérebro do de-

funto estava exposto, o que causou náusea no companheiro que o transportava. O policial, ao se aperceber do fato, obrigou o agricultor a comer parte do cérebro do colega!

O padre José Maria socorreu os sem-terra quando detidos e conta que lhe concederam apenas 5 minutos para falar com os prisioneiros. Uma parte deles estava encarcerada em um ginásio de esportes, em Colorado do Oeste. Eis o seu relato:

> Ao ver a multidão fui tomado de intensa emoção. Todos estavam irreconhecíveis: totalmente sujos de poeira (tinham ficado com o rosto por terra das 7 às 16 horas do dia anterior) e de sangue, com as roupas rasgadas. Estavam ali, de cabeça baixa, sentados no chão, em fila. Perguntei qual era o maior desejo deles (...) Responderam que era matar a fome e a sede, pois estavam sem comer e beber, tendo ficado expostos ao sol o dia todo na véspera, deitados por terra. Se levantavam a cabeça eram chutados por soldados que bufavam: "Lugar de focinho de porco é no chão!". Houve até pessoas com o ouvido estourado, e a maior parte com ferimentos na cabeça.

O bispo de Guajará-Mirim, dom Geraldo Vernier, procurou atender as vítimas. Ele chegou a Colorado no dia seguinte e, chocado com os feridos que encontrava por todos os lados, tratou de enterrar os mortos.

> Cuidamos primeiro da questão dos falecidos, que tinham sido transportados a Vilhena, ninguém sabe por quê. Fomos com o representante do Ministério da Justiça, todos os deputados federais e senadores de Rondônia e quatro advogados ao fórum nos encontrar com o juiz de Direito, doutor Glodner Pauletto. Fizemos notar ao juiz que as famílias tinham o direito sagrado de enterrar os seus mortos e que, pessoalmente, gostaria de celebrar a missa de corpo presente para confortar os parentes e amigos das vítimas.

O juiz, o mesmo que concedeu a ordem para a invasão da fazenda, informou ao bispo que "isso era competência da Polícia Civil". Dom Geraldo, por sua vez, assegura:

> Fomos informados de que os corpos poderiam ser liberados e transportados para Colorado mediante o pagamento de R$ 400,00 cada! Um absurdo, para famílias completamente na "lona". Decidimos mandar um caminhão buscar os corpos. Fez-se uma "vaquinha" para pagar a gasolina do vereador Rudy. Chegando lá, o vereador deparou com outra triste surpresa: os corpos já tinham sido enterrados como "indigentes". Mais um direito roubado aos pobres!

Os laudos dos legistas e as conclusões das comissões de deputados, senadores e autoridades que examinaram o caso concluíram que os corpos foram lavados antes de ser enterrados, a fim de dificultar a autópsia. Por exemplo: lavando-se o corpo de uma menina de 7 anos, morta no incidente, e dando sumiço às suas roupas, eliminou-se a possibilidade de descobrir vestígios de pólvora que incriminariam a Polícia Militar, pois o estrago que o projétil causou no seu corpo por si só seria insuficiente para saber qual o seu calibre.

Os acontecimentos de Getulina e de Corumbiara revelam, principalmente este último, que nem a certeza do massacre e dos métodos empregados pelas Forças Policiais consegue modificar o comportamento da sociedade brasileira. Os latifundiários continuarão mantendo seus direitos com Forças Paramilitares, contando com a ajuda do Judiciário e das Polícias oficiais. Os sem-terra continuarão sendo mortos enquanto não se conformarem em ser expulsos de sua própria terra.

3. A justiça é "cega"

Vivemos numa sociedade de classes. A justiça, que teoricamente é igual para todos, privilegia quem pode pagar advogados, tem políticos que o represente e, por uma questão de poder, tem acesso à burocracia do Estado. Os profissionais da Justiça — advogados, promotores, juízes — atuam dentro de uma legalidade que, historicamente, defende as classes dominantes.

Justiça para os ricos

O tecnicismo do Poder Judiciário contribui para a continuidade da violência e da injustiça social no campo. Embasando esse argumento, um estudo da CPT, *Conflitos no campo Brasil'92*, informa:

> Em 1991, os juízes de alguns Estados recusaram-se a julgar ações de desapropriação para fins de reforma agrária, sob a alegação de que os dispositivos constitucionais referentes ao assunto não haviam sido regulamentados pelo Congresso.

Isso significa, na visão daqueles juízes, que não existem leis para regulamentar ou possibilitar a desapropriação. Portanto, ganharam os latifundiários e perderam centenas de famílias que não puderam ser assentadas na terra.

O estudo da CPT conclui:

> O Poder Judiciário normalmente usa o argumento da ausência de lei, quando a decisão poderia ir contra interesses conservadores que ele, de um modo geral, representa.

Esse "distanciamento" que favorece o sistema latifundiário já começa a ser denunciado por juízes mais sensíveis ao problema da posse da terra. Em *Magistratura e mudança social*, o juiz Amílton Bueno de Carvalho afirma:

> Tudo aquilo que ocorre no corpo social fora do legal simplesmente não é captado pelo pensamento jurídico e aquele que ousa atuar em desconformidade com o modelo posto recebe, de imediato, a pecha de não-técnico, não-científico.

Portanto, ao analisarmos o trabalho do Judiciário no que se refere ao trabalhador do campo, não se pode acusá-lo de incompetente ou deficiente na sua interferência. O Judiciário atua bem e com firmeza, mas como um órgão de classe, bitolado por uma legislação específica que o induz ideologicamente a ser quase um aliado do sistema latifundiário. No geral, o Judiciário é insensível aos problemas sociais e humanos que seu "pacto legal" com os poderosos provoca.

Em 1992, por exemplo, em cumprimento de ordem judicial, 6.001 famílias foram despejadas das terras em que trabalhavam, sem contar outras 1.664 expulsas arbitrariamente. Se formos analisar do ponto de vista dos oprimidos, o Judiciário age capciosamente; do ponto de vista dos donos do poder, funciona muito bem. Para sustentar essa afirmação, basta lembrar que, de 1964 a 1992, foram assassinadas 1.730 pessoas ligadas ao problema da terra, entre lavradores, advogados, sindicalistas, religiosos e índios.

Desses 1.730 crimes, apenas 29 casos, que envolviam 53 vítimas, foram a julgamento, com um resultado de 17 condenações apenas. Convém lembrar que esses 29 julgamentos ocorreram muito mais em virtude de pressões internacionais do que por vontade do Judiciário. Nos anos seguintes, como vimos anteriormente, esses números continuaram crescendo.

A inversão da justiça

Vítimas são transformadas em culpados e criminosos são inocentados: é assim que funciona, de modo cínico, o tecnicismo. Um bom exemplo é o caso, no Maranhão, da viúva de um sindicalista assassinado por policiais. No tiroteio, defendendo-se dentro de sua própria casa, o marido morreu. Um policial que participou do cerco também faleceu. A viúva deverá ser julgada por um Tribunal do Júri, acusada de matar o agressor. Os policiais não foram nem irão a julgamento.

Outro caso ocorreu em 1984, no Paraná. A Comissão de Direitos Humanos denunciou um fazendeiro de Bocaiúva do Sul de explorar crianças em trabalho escravo. Alegando que o processo estava formalmente errado, o juiz de Ponta Grossa mandou arquivar o caso por "prescrição". O então coordenador da CPT, Darci Frigo, foi condenado, em setembro de 1991, por ser o responsável pela denúncia.

Um documento da CPT entregue à Comissão Parlamentar de Inquérito (CPI) do Congresso Nacional, em 1991, e apresentado na Convenção dos Direitos Humanos, da ONU, em Viena, em 1993, traz uma série de denúncias graves contra o Poder Judiciário brasileiro. Entre outras, afirma que os juízes decretam rapidamente os despejos dos lavradores, "sem nenhum procedimento anterior e quase todos com menos de 24 horas". Têm também concedido liminares de reintegração de posse aos latifundiários, "feitas até por telefone, diretamente ao comando da Polícia Militar". Segundo esse documento, muitos juízes "trocam informações" com a União Democrática Ruralista (UDR), a Polícia Militar, a Polícia Federal etc., prejudicando os trabalhadores rurais.

Portanto, o Poder Judiciário funciona, mas a favor dos patrões...

A dupla repressão

De certa forma, o Poder Judiciário é a força repressora mais violenta que "atua" no campo — justamente pela sua omissão e insensibilidade diante dos problemas humanos e sociais. Ao assumir-se como "órgão técnico", consente a violência institucional historicamente praticada no Brasil desde o escravismo. O tecnicismo permite a vigência de leis anacrônicas para julgar situações novas, que tradicionalmente as classes dominantes resolvem pela força.

Uma CPI da Assembléia Legislativa de São Paulo concluiu que "a ausência, a omissão ou a má atuação do Poder Público, em especial do Ministério Público" provoca a violência no campo. Eis um trecho de seu relatório:

> Nas visitas *in loco* que esta CPI realizou, foram inúmeras as denúncias de omissão de juízes e promotores. Na maioria dos casos, quando não agem diretamente do lado dos fazendeiros, fazem "vistas grossas", não fiscalizando o cumprimento de liminares concedidas em favor dos trabalhadores rurais.

Os meios de praticar a violência contra o trabalhador rural mudaram nos últimos anos. Agora, ficou mais barato para os latifundiários usar a força contra os sem-terra. A CPI da Assembléia Legislativa paulista verificou que, até meados da década de 1980, os latifundiários contratavam ou mantinham a seu serviço pistoleiros ou capangas, que matavam sindicalistas, líderes e aliados na luta pela terra, como os padres, por exemplo. Registra essa CPI:

> À medida que os trabalhadores foram se organizando, a figura do pistoleiro já não conseguiu mais resolver o "problema". Passou-se a utilizar as forças repressivas da Polícia Militar, que também se especializou nesse tipo de repressão. Mas, em muitas regiões, nem o serviço dessas forças tem resolvido o "pro-

blema" e começou a ser utilizada a organização de grupos paramilitares, muitas vezes treinados e comandados por ex-oficiais.

A conivência tácita

Não se pretende afirmar que o Judiciário é cúmplice ou conivente com a repressão, e sim que ele atua em consonância com a estrutura de classe da nossa sociedade. A propriedade tem de ser defendida: não existem leis que garantem "de fato" os direitos do trabalhador à terra. A Constituição e as leis brasileiras dão ao proprietário todo o direito de "ter" e "manter" a sua propriedade enquanto estiver dentro da lei. E "dentro da lei" é pagar impostos (que os poderosos sonegam), e o resto é conversa mole[3] (já que estamos tratando de violência e brutalidade, certamente o leitor perdoará a linguagem).

Sendo assim, apesar de tudo, a violência mostrada na televisão é "legal". A Polícia agiu em defesa do direito de propriedade, ameaçado por trabalhadores que não têm nenhum apoio jurídico para ocupar terras que não lhes pertencem. O único direito do camponês é ético. E isso não vale nada na nossa sociedade, quando está em jogo o poder, que é a base da propriedade privada. O Poder Judiciário não pune o excesso dos soldados que mataram em defesa da lei: eles nunca irão para a cadeia — porque estavam "cumprindo ordens" — e serão julgados por uma justiça especial, a militar.

Mais algum tempo, mais alguma fome, mais algumas mortes e a televisão mostrará novamente a "violência no campo".

[3] Quanto aos latifundiários e os impostos, tanto o Incra como o Ministério da Agricultura e Reforma Agrária (Mirad) constataram que, em 1988, 60% dos latifúndios por exploração e 96% dos latifúndios por dimensão sonegaram impostos. O Imposto Territorial Rural (ITR), que é cobrado das propriedades com mais de mil hectares, foi sonegado por 76% dos latifundiários. Em 1995, a Receita Federal estimava receber apenas 15% do valor total do ITR, isto é, a sonegação seria de 85% do montante a ser arrecadado. Uma reportagem do jornal *Folha de S.Paulo*, de 23 de outubro de 1995, apurou que apenas 60 quilos de soja são suficientes para pagar o ITR de 7,2 a 8,12 hectares.

4. As raízes do problema

A VIOLÊNCIA BRASILEIRA É ESTRUTURAL, CONSEQÜÊNCIA DE UM MODELO QUE NOS FOI IMPOSTO DESDE A COLONIZAÇÃO PORTUGUESA. COM A LEI DE TERRAS, EDITADA EM 1850, ESPERAVA-SE A DEMOCRATIZAÇÃO DA POSSE DA TERRA. MAS OCORREU O CONTRÁRIO, COM UMA ELITE GANANCIOSA VALENDO-SE DAS BRECHAS NA LEI PARA AUMENTAR O SEU PATRIMÔNIO E O GRAU DE DOMINAÇÃO POLÍTICA.

A violência estrutural

A sociedade brasileira é violenta em conseqüência da sua estrutura. Uma das causas fundamentais da violência urbana é o processo genocida que acontece no campo ("processo genocida", sim — não se trata de força de expressão). O camponês vem sofrendo um genocídio desde que o Brasil foi ocupado pelos europeus. Hoje está sendo exterminado — física e culturalmente — pelos próprios brasileiros: diretamente, o latifúndio vem matando milhões de trabalhadores rurais há séculos; indiretamente, as camadas urbanas politizadas aprovam o genocídio, com a sua indiferença ou incompetência para denunciar e parar o processo criminoso. E são cúmplices e beneficiários dessa estrutura os políticos e a classe dirigente. As honrosas exceções são mais exceções que honrosas...

A maior parte da violência brasileira resulta da violência no campo. Por quê?

Não caia na cilada da resposta rápida e óbvia: "Porque esvaziando-se a área rural, camponeses desempregados vêm para a cidade, 'incham' as favelas, e a miséria provoca a violência social". Isso é o "sociologismo" que menos importa.

A violência brasileira resulta da violência no campo, porque a estrutura fundiária projeta para a sociedade as relações sociais existentes: concentração de posse e de renda, direito ilimitado à propriedade privada; em resumo, cada um pode ter tudo o que conseguir abraçar.

O mandonismo tradicional

Nosso modelo econômico foi gerado na estrutura fundiária desde a posse da terra. Esse modelo criou leis e costumes: as leis expressam as necessidades das classes dominantes, com maior ou menor brutalidade; os costumes, muito mais praticados que as leis, seguem a tradição de mandonismo e impunidade dos donos do poder. Historicamente, esse poder autoritário não só vem passando de geração a geração entre os poderosos, como também vem sendo delegado, nos tempos modernos, aos instrumentos da perpetuação do domínio quase absoluto, que existe no Brasil, dos ricos sobre os pobres. Entre esses instrumentos de dominação está a organização política que gera as leis, aparentemente produzidas pela Justiça.

Nosso sistema socioeconômico produz miséria social. Nestes tempos de informação rápida, pelo menos superficialmente os miseráveis tomam consciência da sua condição. Então, dá-se a rebelião dos inconformados, que tem de ser contida com leis que tentam superar o anacronismo do modelo econômico. Só que essas tentativas produzem mais miséria e mais revolta. Para superar o ciclo, é preciso criar alianças de classe. Das classes médias privilegiadas surgem os "gerenciadores" da riqueza, recrutados entre os intelectuais — quase todos da área econômica — com diplomas e doutorados em famosas faculdades, aqui e no Exterior, e um currículo de fracasso no desempenho dos cargos públicos.

Ao lado da minúscula minoria riquíssima dos donos do poder, alguns grupos privilegiados sobrenadam nas águas da fartura. E para que a economia não emperre, há um modelo em que menos de 30% do povo consome a produção: os que têm emprego fixo e "são o Brasil que conta", na linguagem cínica dos tecnocratas. Esses 30% dividem-se em várias categorias de consumidores. Os restantes 70% trabalham e passam fome.

Por isso, enquanto não se destruir a atual estrutura fundiária brasileira, o caro leitor está correndo o risco de ser morto porque o seu tênis é importado...

O modelo colonial

O passado colonial reflete-se no atual sistema fundiário brasileiro. No começo — e vamos resumir pela necessidade de sermos breves —, o rei de Portugal doava enormes extensões de terra brasileira às pessoas de sua confiança. Eram as sesmarias — bem maiores que Portugal —, que, exploradas pela mão-de-obra escrava, enriqueceram algumas famílias e comprometeram o desenvolvimento do País. Essa forma de explorar terras conquistadas já ocorria no Império Romano e foi introduzida em Portugal, no século XIV, pelo rei Dom Fernando.

As Ordenações[4] Filipinas determinavam que não fossem doadas mais terras do que os beneficiados pudessem cultivar e davam um prazo de dois anos para o proprietário formar suas lavouras. Raramente isso foi observado; entretanto, os sesmeiros praticamente só perdiam as terras se desistissem delas. Além das sesmarias, uma norma do Regimento

[4] *Ordenações* era o nome que se dava ao conjunto de leis que um rei promulgava e que regia o Império Luso. Era uma espécie de Constituição. Muitas leis das Ordenações Filipinas foram se adaptando aos códigos legais brasileiros e prevaleceram no nosso sistema jurídico até 1917, quando entrou em vigor o Código Civil Brasileiro.

de Tomé de Sousa[5] indica a propensão colonial para o latifúndio, implantando um modelo de posse da terra que perdura até hoje. Recomendava-se, nesse regimento, que as terras apropriadas fossem doadas, livremente, para o cultivo de cana-de-açúcar e para a fundação de engenhos, a pessoas com "possibilidades" de desenvolver a empresa.

As sesmarias implantavam o latifúndio descomunal, e as leis de Tomé de Sousa regulavam privilégios, impedindo que as terras mais férteis, ricas em "águas da ribeira", fossem retalhadas para a policultura. Dessa forma instituiu-se também, concomitantemente ao latifúndio, a monocultura. E em quinhentos anos de Brasil, a realidade agrária pouco mudou: as formas jurídicas "evoluem" para que tudo fique como está.

As formas jurídicas modificaram-se, editaram-se leis sobre a terra, mas, no fundo, as grandes propriedades permanecem nas mãos de poucas famílias.

Quando Dom João VI voltou para Portugal, em 1821, José Bonifácio de Andrada e Silva (1763-1838), estadista brasileiro cognominado o Patriarca da Independência, escreveu as *Instruções do governo provisório de São Paulo aos deputados da província às cortes portuguesas*, para se conduzirem em relação aos negócios no Brasil. Nessas *Instruções* está a primeira sugestão para uma reforma agrária ampla no País. Entre outras providências administrativas, José Bonifácio recomendava:

> Que todas as terras, que foram dadas por sesmaria e não se acharem cultivadas, entrem outra vez na massa dos bens nacionais, deixando somente aos donos das terras meia légua quadrada quando muito, com a condição de começarem logo a cultivá-las em tempo determinado que parecer justo.

José Bonifácio denunciava muitos "que têm feito suas as terras só por mera posse". Estes perderiam as propriedades, retendo apenas os

[5] Tomé de Sousa foi o primeiro governador-geral do Brasil. Chegou à Bahia em 29 de março de 1549. Trouxe de Portugal o Regimento de 1548, que determinava as funções do seu governo.

terrenos cultivados. As terras confiscadas e "as outras que estiverem vagas" não deveriam ser dadas em sesmarias, "mas se vendam em porções ou lotes que nunca possam exceder de meia légua quadrada". Recomendava também que houvesse:

> (...) uma caixa ou cofre em que se recolha o produto destas vendas, que será empregado em favorecer a colonização de europeus pobres, índios, mulatos e negros forros, a quem se darão em sesmaria pequenas porções de terrenos para os cultivarem e se estabelecerem.

José Bonifácio mostrou também preocupação ecológica, ao recomendar em toda venda de terra:

> (...) a condição que os donos e sesmeiros deixem para matos e arvoredos a sexta parte do terreno, que nunca poderá ser derrubada e queimada sem que se façam novas plantações de bosques, para que nunca faltem as lenhas e madeiras necessárias.

Essas sugestões justificavam-se porque, antes da Independência, a concentração de terras no Brasil já era um problema grave, dificultando o desenvolvimento da colônia.

A Lei de Terras

Depois das *Instruções* de José Bonifácio, a discussão sobre a propriedade da terra arrastou-se lentamente até 1850, quando foi editada a Lei nº 601. Conhecida como Lei de Terras, determinava que a terra só poderia ser adquirida pela compra, o que acabava com o sistema de posse. Uma das suas características era elevar o preço das terras, obrigando o pagamento à vista. Dessa forma, a venda das terras públicas era dirigida para uma elite social e o dinheiro arrecadado seria aplicado na vinda ao País de colonos europeus.

A Lei de Terras visava não só consolidar a posse da terra nas mãos de uma elite, como também preparar um novo tipo de mão-de-obra para a lavoura, pois era sabido que o escravismo teria de acabar. Mesmo assim, foi difícil para o governo promulgá-la. Foi discutida desde 1843 e só votada em 1850, mas não aplicada: sua regulamentação aconteceu somente em 1854. No entanto, até 1865 seus efeitos foram praticamente nulos, tendo sido vendidos, sob sua regência, apenas 85.260 hectares. Um estudo clássico, de 1867, de Tavares Bastos (1839-1875), demonstra que o preço das terras públicas, estabelecido pela Lei de Terras, era superior ao das particulares. Enquanto isso — lembra esse escritor, economista e político brasileiro —, os Estados Unidos engrandeciam-se distribuindo terras gratuitamente a quem quisesse trabalhar. Convém ressaltar: Tavares Bastos fazia essas observações em 1867.

O sistema começado pelo rei de Portugal, com as sesmarias, não se rompeu com a Lei de Terras. Pelo contrário, essa lei, que teoricamente teria de reduzir os efeitos "concentracionários" das sesmarias, contribuiu para que o latifúndio sobrevivesse e se consolidasse. O capitalismo aberto nos Estados Unidos e o capitalismo fechado no Brasil têm suas raízes no modo como foram distribuídas as terras nesses países. Enquanto no primeiro a terra foi oferecida aos agricultores como uma ferramenta de trabalho, no segundo a terra ficou nas mãos de poucas famílias, como base e lastro de especulação financeira.

O conhecido estudo de Alberto Passos Guimarães, *Quatro séculos de latifúndio*, resume bem o que foi a Lei de Terras:

> De tudo a quanto se propunha a Lei de 1850, somente medraram as determinações que dificultavam o acesso à terra por meio da posse ou da compra a baixo preço. Em suma, na sua execução prevaleceram unicamente os dispositivos que estavam em harmonia com o objetivo imediato da classe latifundiária: obrigar o imigrante a empregar sua força de trabalho nas grandes fazendas de café.

> Esse seria o instrumento básico de que careciam os latifundiários, já cientes da falência do escravismo, para a política que, à volta de 1847, se inaugura em São Paulo, com a organização de companhias ditas particulares, mas bafejadas e amparadas pelo governo imperial, para o fim de importar trabalhadores europeus em larga escala.

A reforma invertida

Depois disso, apesar dos inúmeros e graves conflitos no campo, do extermínio de índios para a subtração de suas terras, e da posse e grilagem de enormes áreas por grupos e famílias poderosas, a discussão sobre a propriedade da terra só foi retomada oficialmente a partir do governo João Goulart. O seu projeto de reforma agrária foi "um dos pretextos mais fortes para a articulação do golpe militar de 1964".

Derrubado o governo reformista de Jango, a ditadura militar, na tradição do Império, editou a sua própria "lei agrária", para que nada mudasse estruturalmente. Em 30 de novembro de 1964 foi promulgado o Estatuto da Terra, que fez uma reforma agrária ao contrário: enfatizou a exportação de grãos, privilegiando culturas extensivas como a soja e financiando a mecanização das grandes propriedades. Os pequenos e os médios agricultores perderam "prestígio bancário", e as áreas antes destinadas aos alimentos básicos (arroz, feijão etc.) cederam espaço para a soja, a cana-de-açúcar e outros produtos exportáveis, como o café, a laranja, o cacau, o fumo e o algodão. Os primeiros resultados do tal Estatuto surgiram no começo da década de 1970: migração em massa para a cidade, provocada pela miséria rural, e o aumento dos conflitos no campo. Esse deslocamento gerou a ampliação das "áreas favelizadas" nas grandes e nas médias cidades do País. A migração rural foi um dos fenômenos sociais mais graves no período militar: entre 1970 e 1980, cerca de 16 milhões de pessoas vagaram pelo Brasil.

ÚLTIMA HORA/ARQUIVO DO ESTADO DE SÃO PAULO

João Goulart no Automóvel Clube, na véspera de ser deposto, em abril de 1964.

Uma elite insaciável

Até 1960, o "desbravamento" de Goiás obedeceu ao sistema da posse com violência: homens poderosos e de poucos escrúpulos, apoiados pelo governo estadual, formaram verdadeiros bandos de guerra, e seus jagunços ocuparam glebas enormes, matando posseiros e índios. Esse processo repete-se ainda hoje em muitas regiões da chamada Amazônia Legal.

Desde as sesmarias, o Brasil é vítima de uma insaciável elite econômica e política. O desenvolvimento do País se fez confirmando o mandonismo desses grupos: até hoje existem grandes feudos no Norte, no Nordeste e no Brasil Central, com seus coronéis impunes e imunes — muitos com cadeira cativa no Congresso Nacional.

É comum as questões trabalhistas serem resolvidas com a morte dos trabalhadores. E a impunidade é tamanha, que esses casos geralmente passam "despercebidos" — nem sequer entram nas estatísticas da violência no campo.

Em resumo, o passado colonial continua atuando no presente, confirmando a elite dominante contemporânea como os herdeiros dos antigos colonizadores e sesmeiros. Essa elite detém o poder econômico e concentra a maior parte do capital agroindustrial brasileiro. Em conseqüência, tal elite tradicionalmente "forma", ou é, o grupo político e governante. O círculo de poder se fecha desta maneira: aqueles que dispõem dos meios políticos capazes de modificar a injusta estrutura fundiária no Brasil são os mais legítimos representantes do latifúndio, são os que têm lucrado, desde a ocupação européia, com o sistema latifundiário e a exploração da mão-de-obra escrava. Estão interessados em manter a situação no campo.

Qual situação?

5. "É a parte que te cabe deste latifúndio"

O latifúndio brasileiro é um dos maiores que o mundo já conheceu. No Brasil, 1,9% dos proprietários rurais são donos de 54,64% das terras agricultáveis. Das terras dos latifundiários, 75% ficam improdutivas. A parcela produtiva é ocupada predominantemente por soja e cana-de-açúcar, produtos para exportação. Essa desproporção provoca concentração de renda e injustiça social.

— Essa cova em que estás
com palmos medida
é a conta menor
que tiraste em vida.
— É de bom tamanho,
nem largo nem fundo,
é a parte que te cabe
deste latifúndio.
— Não é cova grande,
é cova medida,
é a terra que querias
ver dividida.

(Morte e vida Severina,
João Cabral de Melo Neto.)

O que é latifúndio?

Embora tardiamente, podemos fazer a clássica pergunta: o que é latifúndio?

Os cientistas sociais, estudando a história desde o Império Romano, certificaram-se de que latifúndio "é uma propriedade rural bem maior que a média dos outros imóveis da sua região". No Brasil aceitava-se que latifúndio fosse uma propriedade de mais de 500 hectares. Mas há a distinção entre o latifúndio por exploração, que se caracteriza por ter a maior parte das suas terras inexploradas, e o latifúndio por dimensão, que se destaca pelo tamanho maior do que a média das propriedades da região ou do país.

GEYSON MAGNO/LUMIAR

O latifúndio vale-se de culturas extensivas, que ocupam pouca mão-de-obra, como esta, em Pernambuco, impossibilitando as pequenas e médias lavouras de arroz, feijão, milho e amendoim. A monocultura da cana, da soja ou da laranja expulsa os lavradores da terra e os obriga a migrar para as cidades, onde se aglomeram nas favelas.

Uma das características dessas extensas propriedades é ficarem inexploradas. Os censos do IBGE e os dados dos Ministérios da Agricultura e da Fazenda, mais informações do Incra e de outros órgãos que o precederam, demonstram que o latifundiário brasileiro "nunca" cultivou, em média, mais do que 5% das suas terras. Estas são as áreas cultivadas de 1940 a 1975:

LATIFÚNDIOS (1940-1975)

Ano	Área cultivada (%)
1940	3,6
1950	2,7
1960	3,4
1970	3,3
1975	4,3

Fonte: Dados do IBGE, 1991.

Em 2000, principalmente com a expansão das lavouras de soja, a área cultivada aumentou para 15%. Mesmo assim, 85% das terras do latifúndio ficam sem aproveitamento.

As estatísticas demonstram que, no Brasil, em média, só 10% das propriedades rurais[6] são cultivadas: na safra de 1991, foram cultivados 12,27% da área total. Esse absurdo, em um país enorme e faminto, com recursos financeiros para investir no campo, explica-se principalmente pelo entrave latifundiário impedindo uma nova política agrária, tanto em termos legais, meramente reformistas, quanto em técnicas agrícolas e planejamento econômico[7].

Em 1995 houve uma pequena queda da área cultivada, que ficou em 11,8%. Nos últimos anos — até 2004 —, apesar das anunciadas supersafras, a média de aproveitamento das terras não se alterou significativamente, ficando entre 10% e 13%.

[6] Esses 10% referem-se à soma de todas as propriedades rurais: latifúndios e pequenas e médias propriedades.

[7] Vale lembrar o fato de nossas reservas cambiais se queimarem para manter os planos econômicos dos últimos governos. Jamais se pensou em "queimar" os bilhões de dólares do Tesouro Nacional em investimentos sociais ou estruturais, como a reforma agrária.

Desde 1940, a situação fundiária pouco mudou no Brasil. E desde 1970, essa estabilização se verifica — como já vimos — no aumento da área de latifúndios. "Hoje, os latifundiários são donos de mais da metade das terras agricultáveis no País."

Nesses 45 anos (de 1940 a 1985), a área do latifúndio cresceu 87.793.303 hectares, 49,48% a mais. A partir de 1970, a área e a quantidade de latifúndios começaram a aumentar. (Veremos adiante como o latifúndio foi absorvendo as pequenas propriedades, estabilizando a expansão da sua área a partir dos últimos anos do século passado, porque já não havia mais terras para "engolir".)

Esse é o quadro da verdadeira violência.

LATIFÚNDIOS (1940-1985)

Ano	Proprietários	Hectares	%
1940	59.290	117.105.451	59,2
1950	69.726	144.252.944	62,1
1960	73.244	138.727.349	55,5
1970	84.777	149.333.807	50,8
1975	93.961	175.052.238	54,0
1985	110.080	204.898.754	54,6

Fonte: Dados do IBGE, 1991.

A ilusão das leis

Vejamos o que se considera latifúndio hoje. A propaganda governamental quase eliminou a palavra "latifúndio" do nosso vocabulário. A Lei nº 8.629, de 25 de fevereiro de 1993, que disciplina a "reforma agrária", segundo a Constituição de 1988, dividiu os imóveis rurais basicamente em três categorias: pequena, média e grande propriedade. Criou também o módulo fiscal de 10 hectares como unidade de medida.

Dessa forma:

	Módulos	Hectares
Pequena propriedade	1 a 4	10 a 40
Média propriedade	4 a 15	40 a 150
Grande propriedade	+ de 15	+ de 150

A grande propriedade, de mais de 150 hectares, de acordo com a Lei nº 8.629 é julgada produtiva ou improdutiva, segundo o conceito "por exploração". Para ser considerada produtiva, deverá ter 80% de utilização da sua área com 100% de eficiência. Caso isso não ocorra, essa grande propriedade será passível de "sofrer" a reforma agrária. Por outro lado, não importando o seu tamanho, se for considerada produtiva, não está sujeita à "lei" da reforma agrária.

Latifúndio só existe, legalmente, por extensão, e o seu tamanho varia em cada região. Na zona rural mais rica do Brasil — o nordeste do Estado de São Paulo, área canavieira de Ribeirão Preto e região —, por exemplo, considera-se latifúndio por extensão a propriedade rural de mais de seiscentos módulos: 6 mil hectares...

A lei e a burla da lei

Na prática há duas questões importantes:

1. O governo federal faz e muda leis, mas não se esforça para regulamentá-las e aplicá-las. Se quisesse aplicá-las, encontraria barreiras jurídicas fortíssimas: existem inúmeros artifícios para anular as leis e as normas que supostamente implantariam a reforma agrária. Não por acaso, as leis são aprovadas por um Congresso[8] — de latifundiários em sua maioria, e os que

[8] Não só o Congresso está "infiltrado" de latifundiários. O Incra, por exemplo, teoricamente responsável pela reforma agrária, teve como presidente no governo de Fernando Henrique Cardoso o latifundiário Brazílio de Araújo Neto. Ironicamente — se fosse um país mais sério, diríamos "tragicamente" —, o ministro da Agricultura do mesmo governo foi o banqueiro e latifundiário Andrade Vieira. Não se deve esquecer da condição de latifundiário de Fernando Henrique Cardoso, dono de um rebanho bovino "apurado geneticamente". Desses homens dependeria, oficialmente, a reforma agrária... No governo de Luís Inácio Lula da Silva, as alianças com políticos conservadores — tradicionais aliados do latifúndio — não modifica muito a ineficiência política para promover a reforma agrária.

não possuem latifúndios estão ligados aos grandes proprietários, são testas-de-ferro das elites conservadoras ou mantêm suas propriedades em nome de terceiros. Evidentemente, há as chamadas honrosas exceções, que às vezes marcam o seu golzinho de honra, mas nunca ganharam um jogo...

2. As grandes propriedades e os latifúndios freqüentemente, e de modo simples, escapam a essa qualificação: desmembram-se. Os seus donos criam empresas fantasmas, arranjam testas-de-ferro a quem "vendem" parte das terras e fazem uso de dezenas de outras artimanhas que transformam o latifúndio mais improdutivo em uma média propriedade de grande eficiência. Por exemplo: uma enorme extensão de terras improdutivas, para não pagar impostos ou escapar à classificação de latifúndio, pode receber "melhoramentos", como um galpão rudimentar e algumas cabeças de gado. Na documentação entregue ao Incra — preenchida pelo proprietário —, o galpão transforma-se em vários estábulos, e meia dúzia de cabeças de gado multiplica-se, virando centenas.

O Incra não tem condições de fiscalizar "nada", pois não conta com funcionários nem meios e ainda é questionável se teria disposição para tal... A "tática" governamental tem sido manter ineficientes os órgãos ligados a esse instituto, como o Mirad e o Instituto Brasileiro de Reforma Agrária (Ibra), entre outros, e fechá-los depois de alguns anos, substituindo-os por outros que continuem o ciclo.

Se fosse preciso uma terceira explicação para a precariedade das leis de reforma agrária, bastaria lembrar que nenhuma divisão substancial de terras se faz sobre o latifúndio. A distribuição de terras aos lavradores, no Brasil contemporâneo, é efetuada em áreas do governo. Só se fez "reforma agrária" com terras desapropriadas onde houve conflito social que não pôde ser esmagado pela força e quando o latifúndio, de tão improdutivo e geralmente endividado, não valia a pena ser mantido pelo latifundiário. Mesmo assim, isso raras vezes aconteceu na nossa história. A extensão de terra conseguida dessa forma pelos lavradores é tão mínima que nem sequer aparece nas estatísticas.

No entanto, a mudança da lei não alterou o fundamental: mais da metade das terras agricultáveis do Brasil permanecem nas mãos dos latifundiários e menos de 5% delas são produtivas. Isso quer dizer que se o governo quisesse aplicar a Lei nº 8.629, pelo menos 95% da área dos latifúndios seria distribuída aos lavradores.

Convém repetir: além das "válvulas jurídicas" que os latifundiários poderiam usar para evitar a reforma agrária, não há nenhuma disposição do governo em modificar a estrutura fundiária no Brasil.

A distribuição das terras

O Censo Agropecuário do IBGE, realizado em 1985 e publicado em 1991, é o mais específico sobre a distribuição de propriedades rurais no Brasil e continua válido em 2004. O quadro a seguir reproduz proporcionalmente a mesma distribuição de terras nos últimos vinte anos:

DISTRIBUIÇÃO DE PROPRIEDADES RURAIS NO BRASIL

Em hectares	Propriedades	%	Hectares	%
0 a 1	637.311	10,980	364.431	0,097
1 a 2	617.003	10,630	833.498	0,220
2 a 5	1.043.185	17,980	3.347.286	0,890
5 a 10	767.323	13,230	5.441.421	1,433
10 a 20	816.029	14,060	11.309.865	3,020
20 a 50	907.481	15,649	28.115.016	7,500
50 a 100	437.830	7,690	30.140.278	8,040
100 a 200	283.004	4,870	37.402.696	9,980
200 a 500	174.758	3,010	53.071.677	14,180
500 a 1.000	59.669	1,030	40.958.293	10,920
1 mil a 2 mil	29.060	0,500	39.642.491	10,570
2 mil a 5 mil	15.688	0,270	46.023.655	12,280
Área de latifúndio: 54,64%				
5 mil a 10 mil	3.538	0,060	23.959.751	6,400
10 mil a 100 mil	2.066	0,040	42.241.725	11,270
+ de 100 mil	59	0,001	12.072.839	3,220
Latifúndios: 1,9% dos proprietários				
TOTAL	**5.801.809**		**374.924.929**	

Fonte: Dados do IBGE, 1991 e 2000.

Observa-se que 1,9% dos proprietários rurais é dono de 54,64% das terras agricultáveis no Brasil. Os 2.125 maiores latifundiários representam 0,041% dos proprietários rurais e são donos de 54.314.564 hectares, 14,49% das terras agricultáveis (veja o quadro a seguir). Por outro lado, 4.788.332 médios e pequenos proprietários, que representam 82,53% dos donos de terras, possuem 49.411.511 hectares, 13,2% dessas terras. Do total de 374.924.929 hectares de terras agricultáveis[9], 44% são áreas aproveitáveis inexploradas (um "território" maior que o Estado do Amazonas[10]), das quais 80% pertencem aos latifundiários. No Brasil, 74% dos latifúndios estão inexplorados.

Concentração de terras e fome

O quadro anterior poderia poupar o trabalho de escrever e ler este livro, pois é o retrato cruel da violência. Mas, a partir dele, mostraremos outra relação:

Proprietários	%	Hectares	%
2.125	0,041	54.314.564	14,490
4.788.332	82,530	49.411.511	13,200

Essa relação é composta apenas por pequenos e por médios proprietários e latifundiários, excluindo-se as grandes propriedades. Observa-se que 2.125 latifundiários (pessoas ou empresas) possuem mais terra que 4.788.332 pequenos e médios proprietários.

[9] Este é o último dado oficial conhecido (IBGE), publicado em 1991. Há estimativas que ampliam atualmente a área agricultável para 450 milhões de hectares.

[10] A área inaproveitada soma 1.649.669,87 quilômetros quadrados e o Amazonas tem 1.577.820,2 quilômetros quadrados. Sobram sem cultivo 71.849,67 quilômetros quadrados, mais do que os estados do Rio de Janeiro e Alagoas juntos. Na área agricultável sem cultivo, cabem 75 estados de Sergipe ou 6,6 estados de São Paulo... Não é possível uma relação maior de fonte econômica geradora de violência social.

A concentração de terra de boa qualidade mantida improdutiva pelos latifundiários — donos de 80% de terras nessas condições — e pela irresponsável política agrária do governo brasileiro, pode ser vista no quadro a seguir:

PROPRIEDADES EM HECTARES	
Área total	**374.924.929**
Área de latifúndio	204.898.754
%	54,6
Área inexplorada	164.981.548
%	44
Latifúndio inexplorado	163.919.003
%	80

Além disso, apenas pouco mais da metade — 56% — das terras de boa qualidade é "ocasionalmente" cultivada. O Brasil tem o maior "estoque" de boas terras do mundo. Dos 374,9 milhões de hectares, cultivam-se apenas 209,9 milhões, com uma produção anti-social privilegiando a exportação de soja e o consumo de álcool combustível. Os restantes 164,9 milhões de hectares — dos quais 163,9 milhões (99,36%!) pertencem aos latifundiários e permanecem inexplorados —, se adequadamente utilizados, produziriam o suficiente para matar a fome, não só dos brasileiros, mas dos famintos do mundo.

Mais produção, mais fome

Há uma outra crítica no tocante a essa "falta" de alimentos, que, entretanto, se pauta em outros argumentos: essa crítica subestima os males do latifúndio e enfatiza a falta de subsídios do governo, aliada à má distribuição de renda no País. Em artigo publicado em 8 de janeiro de 1994 no jornal *Folha de S.Paulo*, o então secretário da Agricultura de

São Paulo (no governo de Luiz Antonio Fleury Filho), Roberto Rodrigues (ministro da Agricultura no governo Lula), demonstra que, apesar de tudo, a produção da agricultura brasileira poderia alimentar com sobras o povo brasileiro. Segundo ele, em 1994 o Brasil produzia:

> 65,5 milhões de toneladas de grãos alimentícios (arroz, feijão, milho, soja, trigo, amendoim);
>
> 19 milhões de toneladas de produtos pecuários (carnes e leite);
>
> 56 milhões de toneladas de outros alimentos (açúcar, mandioca, laranja, banana, cacau, tomate etc.).
>
> Isso soma 140 milhões de toneladas. E aí não estão incluídos hortifrutigranjeiros (como ovos, por exemplo), pescado e café. (...) Portanto, a agricultura brasileira já produz hoje o equivalente a 930 quilos de alimentos *per capita* por ano. Isso dá um consumo estimado de 2,8 quilos por habitante/dia. Seria o suficiente para todos os brasileiros passarem muito bem, se todos comessem a mesma quantidade.

A complementação do artigo do agrônomo Roberto Rodrigues demonstra que a produção aumentou nos últimos anos, mas há desperdícios vários, queda de lucros e aumento de custos para o produtor, enquanto o preço sobe para o consumidor final. Os argumentos são "politicamente corretos", mas não levam em conta um dado fundamental: para que incentivos, subsídios e modernização tecnológica sejam eficientes, é preciso que eles atuem sobre uma estrutura fundiária ajustada minimamente às exigências funcionais da economia. Isso é impossível no Brasil, porque a estrutura latifundiária é a própria razão da incapacidade de matar a fome, mesmo produzindo mais que o suficiente para isso.

O sistema latifundiário, exagerado como o brasileiro, oferece também uma lição amarga: nesse sistema, não basta produzir — em uma das suas mais fantásticas contradições, quanto mais se produz, quanto mais "sobra" alimento, mais fome há e mais os custos e os preços aumentam.

Prova irrefutável disso é a supersafra de 2003-2004, a maior já obtida no Brasil, sem que no entanto se resolva ou se atenue o problema da fome e da carestia de alimentos. Nem mesmo programas assistenciais, como o Fome Zero, têm conseguido diminuir os efeitos da subnutrição no País.

Ócio de terras e empregos

Os números do Censo Agropecuário de 1985 foram confirmados pelos novos dados obtidos pelo IBGE em 1999. A extensão das terras ociosas continua na mesma proporção ainda em 2004, com um pequeno aumento no aproveitamento das áreas destinadas à soja, no Centro-Oeste, sem que diminuísse o número de latifúndios, como se verifica no quadro a seguir:

TERRAS OCIOSAS POR REGIÃO (1985)

Região	% de terras ociosas	% de latifúndios na área ociosa	Total de terras ociosas em hectares
Norte	65,8	88,4	7.425.806
Nordeste	54,4	85,9	28.883.864
Sudeste	21,1	84,0	10.445.506
Sul	15,2	74,1	4.403.184
Centro-Oeste	39,6	95,5	30.659.654
BRASIL	**42,6**	**88,7**	**81.818.014**

Fonte: Dados do IBGE.

O maior latifundiário do Brasil é um grupo estrangeiro, Manasa/Cifec, que possui 4.160.658 hectares, dos quais utiliza apenas 51.222 (1,23% das terras) e emprega 657 trabalhadores rurais. Isso significa que cada trabalhador cuida de 6.333 hectares[11]. E, segundo dados cadastrais do Incra, dentre os grupos econômicos, o financeiro é o que possui os maiores latifúndios.

[11] Segundo o Incra, para cuidar de 6.333 hectares seriam necessários no mínimo 844 trabalhadores. Como se sabe, o Incra considera que uma família é apta para "tocar" 15 hectares.

O quadro seguinte relaciona apenas 46 latifúndios enormes, separados por grupos econômicos. Observa-se que o grupo agropecuário, teoricamente mais ligado à lavoura do que o grupo financeiro e o industrial, é o que menos utiliza a terra, ficando abaixo da média. Esses grandes grupos empregam 112.514 trabalhadores para cuidar de 39.401.722 hectares, o que significa um homem para cada 350,2 hectares. O grupo agropecuário é recordista: ocupa um homem para cada 1.284,4 hectares!

46 MAIORES LATIFÚNDIOS POR GRUPOS ECONÔMICOS

Grupos	Terras em hectares	Áreas utilizadas/ha	Áreas utilizadas/%	Número de assalariados
Financeiros	22.133.342	3.799.248	17,16	63.552
Industriais	10.991.211	1.991.396	18,12	44.075
Agropecuários	6.277.169	905.297	14,42	4.887
Total	**39.401.722**	**6.695.941**	**16,99**	**112.514**

Fonte: Dados do IBGE, 1991.

Os donos da terra

Observemos ainda os dois quadros a seguir, que trazem os cinco maiores latifúndios de empresas estrangeiras no Brasil e os dez maiores latifúndios nacionais.

5 MAIORES LATIFÚNDIOS ESTRANGEIROS

Empresa	Terras em hectares	Área utilizada/ha	Área utilizada/%
Manasa/Cifec	4.160.658	51.222	1,23
E. N. I.	492.174	67.397	13,70
Calcestruzzi	367.885	40.277	10,95
Belgo-Mineira	288.333	202.185	70,12
Mannesmann	138.431	92.249	66,64

Fonte: Dados do Incra.

Se o governo federal desapropriasse apenas um latifúndio em cada estado, seguindo o cadastro do Incra, teria à disposição no mínimo 10,116 milhões de hectares. Dividindo-os em lotes de 15 hectares por família, assentaria 674,4 mil famílias de lavradores.

10 MAIORES LATIFÚNDIOS NACIONAIS

Empresa	Terras em hectares	Área utilizada/ha	Área utilizada/%
Aplub	2.279.073	900	0,04
Antunes/Caemi	2.240.485	391.536	17,47
Cotriguaçu	1.611.757	0	0,00
Bradesco	893.224	335.689	37,58
Moraes Mad	668.280	200.784	30,04
Ingeco	599.559	171.041	28,52
Agro Amapá	540.613	118.287	21,88
Klabin	522.984	321.526	61,48
Votorantim	497.566	188.758	37,94
Ometto	438.715	183.525	41,83

Fonte: Dados do Incra.

Sobram terras, falta vontade

A má vontade do governo brasileiro em distribuir terras é evidente. Por exemplo: os vinte maiores latifúndios no Brasil somam 20.291.412 hectares. A média de terras utilizadas nesses latifúndios é de 29,29%. Desapropriando-se os 70,71% de terrenos ociosos, teríamos 14.348.057 hectares, o suficiente para assentar 956 mil famílias em lotes de 15 hectares. Somente nas terras da Manasa/Cifec, que somam 4.160.658 hectares nas suas seis fazendas, das quais se aproveita apenas 1,23% da área, daria para assentar 277.377 famílias em lotes de 15 hectares. Como sabemos que são as pequenas propriedades que mais produzem alimentos no Brasil, apenas um latifúndio incrementaria extraordinariamente a produção agrícola, com benéficas conseqüências econômicas e sociais.

Alguns argumentariam que as terras da Manasa/Cifec encontram-se no Amazonas, região "imprópria" para o cultivo de certos alimentos. Para não discutirmos essa falácia, poderíamos, então, citar as terras da Cotriguaçu, em Mato Grosso, com seus 1.611.757 hectares, dos quais se aproveita... 0 (zero, nada). Nesse desocupado latifúndio caberiam 107.450 famílias em lotes de 15 hectares.

Além desse lado prático, há a questão ética: como uma sociedade, um Estado, um governo, um povo admitem tal concentração de terras e poder, com o conseqüente desmando e abuso, em um país miserável no qual "falta" terra e milhões passam fome?

Como justificar eticamente que grupos econômicos detenham tais enormidades de terra? E como explicar que um só indivíduo possua, por exemplo, mais de sessenta fazendas, no Amazonas, ou detenha um latifúndio de mais de 400 mil hectares, no Acre?

Trabalhadores reúnem-se em grandes caminhadas e partem em busca de terras para plantar.

6. Contabilizando os prejuízos

A EXPANSÃO DO LATIFÚNDIO FOI FORÇADA, TAMBÉM, PELA COBIÇA POR TERRAS RICAS EM MINÉRIOS NOBRES, ESPECIALMENTE NA AMAZÔNIA. DURANTE A DITADURA MILITAR, O GOVERNO FAVORECEU GRANDES EMPRESAS ESTRANGEIRAS, QUE RECEBERAM INCENTIVOS FISCAIS PARA COMPRAR ENORMES ÁREAS NA AMAZÔNIA. O LATIFÚNDIO AUMENTOU, DEVASTOU-SE A FLORESTA E AGRAVOU-SE A MISERABILIDADE DO HOMEM DO CAMPO.

A espoliação global

A situação da distribuição de terras permanece quase inalterada desde 1985, conforme registrou o Censo Agropecuário do IBGE de 2000. Nas novas pesquisas e nas projeções das entidades oficiais e das não-governamentais, as mudanças foram insignificantes e ainda prevalecem os seguintes números: 0,041% dos proprietários possuíam 54.314.564 hectares, que equivalem a 14,49% das terras cultiváveis. Dessa área, apenas 6% estavam sendo aproveitados. Um dos maiores latifundiários possuía cerca de 4 milhões de hectares; outro era dono de 2,7 milhões de hectares. A política de "reforma agrária" da ditadura militar, combinada com a Lei nº 5.714 — também obra dos militares —, oferecendo incentivos fiscais para a exploração da Amazônia, abriu caminho para aumentar ainda mais nossas "capitanias hereditárias". Cabe aqui lembrar o fracassado Projeto Jarí (AP/1970), que possuía uma área de 3,7 milhões de hectares pertencente ao empresário norte-americano Daniel Ludwig.

A abertura da Amazônia significou a entrada das multinacionais de capital industrial, que vieram "ajudar" os militares a desenvolver o País. Assim, empresas como Liquifarm, ITT, Volkswagen, Swift, Liquigás, Bethlehem Steel, Mitsubishi e Mercedes-Benz, entre dezenas de outras, adquiriram milhões de hectares na Amazônia.

A maior parte dessas terras fica "estocada", porque são ricas em minérios: algumas áreas são exploradas, e o minério — inclusive ouro — é contrabandeado. O mais grave, porém, é o desmatamento desregrado, que agride a floresta e expulsa a população local, acabando com o extrativismo de borracha, sementes, castanhas etc. Sem falar na criminosa destruição de madeiras nobres, realizada de um modo absurdo: empresas japonesas, sediadas estrategicamente na foz dos grandes rios nas saídas para o mar, montaram serrarias que trituram mogno, jequitibá e outras espécies, para facilitar o transporte para Europa, Estados Unidos e Japão, onde se fabricam aglomerados com os resíduos dessas madeiras nobres. Não é preciso lembrar que essas madeiras custam quase nada às multinacionais: elas compram as terras com financiamentos especiais e exportam o produto para seus países de origem usando os incentivos do governo brasileiro.

Latifúndio e florestas

É provável que o leitor não relacione muito bem esse processo com a política fundiária brasileira. Mas essa espoliação do produto da terra "jamais vista em todo o mundo" — a que no Brasil assistimos passivamente — só é possível porque somos uma economia enraizada na concentração da posse da terra. Tradicionalmente temos promovido o progresso com a propriedade ilimitada da terra, o que apresenta como conseqüência o desequilíbrio ecológico, a escassez de alimentos — que provoca carestia — e, finalmente, a miséria do povo.

Historicamente, a destruição da floresta acompanha o aumento do latifúndio. Ao contrário de "todos" os países desenvolvidos do mundo — por exemplo, os Estados Unidos, cujo progresso foi estimulado com a democratização da posse da terra —, o Brasil cresceu com a concentração de terras e o aumento de latifundiários.

O sistema é tão vicioso e viciado que quando a ditadura militar pensou em fazer uma "reforma agrária" — já que os militares derrubaram o governo anterior para que não se fizesse tal reforma —, criaram-se leis que, na prática, facilitaram a compra de grandes latifúndios. Por conseguinte, os novos latifúndios, por serem tão grandes, só couberam na Amazônia. Assim, o processo iniciado pelo rei de Portugal continuou com os generais, e as nossas florestas seguiram o seu destino:

- em 1854, existiam 81,4% das florestas brasileiras;
- em 1907, 58,0%;
- em 1920, 44,8%;
- em 1935, 26,2%;
- em 1952, 18,2%;
- em 1962, 13,7%;
- em 1973, 8,3%;
- em 2000, 4,8%.

Terras e lavouras

Em 1970 — segundo dados do IBGE —, decorridos seis anos de governo militar, os latifúndios com mais de 10 mil hectares aumentaram sua área de 12,3% para 16,4% em relação a 1955. No mesmo período, os pequenos proprietários perderam terreno, pois, de 3%, passaram a ter 2,5% das terras agricultáveis.

Ano	Pequena propriedade/%	Latifúndio/%
1955	3,0	12,3
1970	2,5	16,4
TOTAL	**– 15,7**	**+ 25**

Os latifundiários acrescentaram mais 25% de terras às suas propriedades, e os pequenos proprietários perderam 15,7% das suas lavouras. E é isso mesmo: terras e lavouras. O latifúndio significa posse da terra: 74% dela é inexplorada e 16% produz extensivamente, priorizando a exportação e o álcool combustível. As terras dos pequenos e dos médios produtores, com nenhuma ou pouca capacidade especulativa, são essencialmente "lavouras" — terrenos destinados à produção de grãos, carne, leite etc., isto é, local onde se trabalha e se produz —, valem pelo que produzem, ao contrário das terras latifundiárias, cujo valor independe da sua produção, o que determina o seu caráter anti-social.

E mais: 50% dos alimentos básicos — arroz, feijão, milho, batata, cebola e mandioca — são produzidos pelos pequenos proprietários, que convivem com a ameaça de suas terras serem engolidas pelo latifúndio, insaciável na plantação de soja e de cana-de-açúcar.

Se os pequenos proprietários produzem 50% dos alimentos, deveriam ser ricos ou, pelo menos, obter um rendimento satisfatório da terra. No entanto, ocorre o contrário: a política agrícola governamental favorece os grandes produtores, que têm "lastro" para conseguir financiamentos — não por acaso, eles "patrocinam" deputados, senadores e outros senhores —, enquanto o lavrador luta com prazos, juros, especulação de "atravessadores", custos de insumos etc. Finalmente, este último acaba cedendo ao "bom senso": vende ou aluga suas terras e passa, em último caso, a ser um miniparasita alimentado pelas migalhas latifundiárias.

Esse processo de aumento do tamanho do latifúndio, iniciado em 1970, continua existindo, especialmente nas regiões de plantio de cana-de-açúcar e de soja. Depois de 1995 tem sido menor o crescimento da área do latifúndio nessas regiões, pelo simples fato de que a maioria das pequenas propriedades já foi absorvida — em 2004 já não há pequenas propriedades a serem "engolidas".

As pequenas lavouras são responsáveis por grande parte dos alimentos produzidos no Brasil, além de possibilitarem que o lavrador permaneça trabalhando na terra.

Os males do "latifúndio urbano"

Deve-se lembrar, também, que o aumento do valor venal das áreas de latifúndio inviabiliza a desapropriação e que enquanto o confisco de terras inexploradas, que alimentam parasitas que se enriquecem com a fome e a miséria do povo, só puder ser feito com indenização, nunca haverá reforma agrária no Brasil.

Um exemplo do valor do latifúndio como entrave ao progresso em algumas regiões ocorre em Ribeirão Preto (SP) — a chamada Califórnia Paulista. Nessa cidade, a prefeitura não pode realizar certos programas de saneamento, porque para desapropriar a área necessária, que está dentro de um latifúndio rural encravado na zona urbana, teria de comprometer vários orçamentos municipais. E não existe lei que permita a desapropriação dessa área para uso social. Esse é um exemplo de como o latifúndio prejudica, também, o progresso urbano.

A questão teria de ser posta ao contrário: os latifundiários deveriam indenizar o povo brasileiro pelos danos que têm causado — inclusive a "criação" de uma herança genética que transforma os pobres em nanicos, com um alto índice de deficiência mental — e pelos milhões de mortes por fome. Sem falar dos que deveriam estar na cadeia, como responsáveis pelas centenas de camponeses assassinados por reivindicar terra para plantar.

O "invasor" e o êxodo rural

A violência é estrutural e esparrama-se do sistema latifundiário para a sociedade. A primeira vítima certamente é o trabalhador rural: ele perde o emprego, é expulso do campo e, quando reage, só tem como alternativa tentar a permanência na "sua" terra. Para nela ficar, confronta-se com o poder econômico e enfrenta a lei. Sofre então as conseqüências: é tratado como um gatuno que invade a propriedade alheia; é condenado pela lei e recebe o "tratamento" policial que todos conhecemos. A imprensa fica a seu lado e condena as violências que o acometem: soldados, cães, metralhadoras, mortos e feridos e tudo aquilo que a televisão mostra.

Esse trabalhador, ao reagir, é "defendido" e recebe a solidariedade de todos nós. Passa, então, a ser chamado de "invasor".

Vamos estudar esse invasor.

O tão propalado "êxodo rural", também conhecido como "esvaziamento do campo", já está merecendo ser chamado pelo seu verdadeiro

CELSO JÚNIOR/AE

Acampamento dos sem-terra em Sandovalina (SP). Os sem-terra fazem uma migração rural ao contrário: deixam a periferia urbana, onde não encontram trabalho, e acampam às margens dos latifúndios improdutivos, tentando ocupá-los e criar um fato político que lhes garanta a posse da terra.

LUZ BITTAR/ANGULAR

Migrantes do campo chegam a São Paulo, no Terminal Rodoviário do Tietê. Sem trabalho, os lavradores ingressam na cidade grande e aumentam o número de miseráveis.

nome: "exclusão do lavrador do seu meio de trabalho", pois lhe negam a terra e ele é expulso. Esse processo é de uma violência social inédita nos últimos cinqüenta anos, conforme demonstram os números do IBGE, apresentados no quadro a seguir.

DISTRIBUIÇÃO DA POPULAÇÃO RURAL E URBANA (1940-1999)

Ano	Urbana	%	Rural	%	Total
1940	12.880.182	31,23	28.356.133	68,77	41.236.315
1950	18.782.891	36,16	33.161.506	63,84	51.944.397
1960	31.303.034	44,67	38.767.423	55,33	70.070.457
1970	52.084.984	55,92	41.054.053	44,08	93.139.037
1980	80.436.409	67,60	38.566.297	32,40	119.002.706
1991	110.875.826	75,47	36.041.633	24,53	146.917.459
1999	137.953.959	81,25	31.845.211	18,75	169.799.170

Fonte: Dados do IBGE, 1991 e 2000.

Nos países industrializados, o decréscimo da população rural ocorreu gradativamente, de acordo com a mecanização do campo. No Brasil, conforme se vê no quadro acima, houve um abrupto despovoamento do campo. E não foi a mecanização — aliás incipiente, equívoca e recente — que tirou o trabalhador da zona agrícola, mas sim a concentração de terras inexploradas. "Falta terra, sobra mão-de-obra[12]", uma "fórmula" que provoca o chamado êxodo rural e, principalmente, força a baixa de salários. A única saída contra a fome é migrar, dar seqüência ao processo de "favelização" da zona urbana — uma transferência de miséria de um lugar para o outro com resultados mais graves do que a chamada "violência no campo".

O campo será um deserto

Proporcionalmente, de cada cem camponeses morando na zona rural em 1940, apenas 33 conseguiram lá permanecer em 2000, se relativizarmos os números absolutos. Mas a partir da década de 1970, a população rural também começou a declinar em números absolutos.

[12] Um precário equilíbrio entre oferta e procura de mão-de-obra acontece em raras regiões do Brasil — nordeste de São Paulo, por exemplo — no período das safras da cana-de-açúcar e da laranja.

Como se vê no quadro anterior, nos últimos sessenta anos a população urbana cresceu muito mais que a rural. A partir de 1970, a população rural nem sequer cresceu em números absolutos: acumula trinta anos de queda absoluta e percentual.

É fácil observar que de 1940 a 2000 a população rural vem diminuindo, à medida que a urbana aumenta. Em 1940, compunham a população rural 68,77% dos brasileiros; em 1999 (Censo de 2000), esse número caiu para 18,75%. Assim, enquanto a população rural diminuiu proporcionalmente 3,7 vezes em sessenta anos e cresceu apenas 1,27 vez em números absolutos, a população urbana aumentou proporcionalmente 90,7% e 10,7 vezes em números absolutos. Como é óbvio, verifica-se que, apesar do crescimento da população brasileira, é cada vez menor o número de lavradores estabelecidos na zona rural. Em algumas regiões, como no Sudeste e especialmente em São Paulo, a maior parte dos trabalhadores agrícolas mora na periferia das cidades. Além de sem-terra, são os bóias-frias, que são arrebanhados pelos "gatos": empresários semiclandestinos ou totalmente ilegais que os levam para trabalhar nas grandes plantações canavieiras ou nos laranjais. Como se depreende, essa "terceirização" da mão-de-obra agrícola livra os fazendeiros das obrigações trabalhistas e penaliza os trabalhadores rurais, que ficam prejudicados nos seus direitos à aposentadoria e a assistências social e médica, as quais já são precárias.

É interessante observar que, embora a população rural tenha decrescido, a segunda maior fonte de emprego do País está no campo. Segundo o IBGE, no ano de 2000 o setor de serviços oferecia o maior índice de empregos: 41,2% da mão-de-obra. Em segundo lugar vinha o trabalho agrícola, com 24,2%; em terceiro, a indústria, com 19,3%; em quarto, o comércio, com 13,4%.

A qualidade de vida

A distribuição da população brasileira entre cidade e campo e a situação de cada classe nessas áreas — moradores de palácios, residências luxuosas ou confortáveis, casas medianas, cortiços, favelas, casebres de pau-a-pique etc. — revelam a conformação da nossa sociedade. Os dados demográficos da zona rural refletem o estado de miserabilidade do trabalhador expulso do seu meio, revelado nos indicadores sociais pesquisados pelo IBGE. Veremos, finalmente, como vivem e qual a remuneração dos trabalhadores do campo.

Existiam na zona rural, até 1980, 7.439.658 casas. Verificando como essas casas estão equipadas e servidas sanitariamente, tem-se uma visão precisa da qualidade de vida do camponês. Vamos analisar o quadro a seguir.

CONDIÇÕES DE VIDA NO CAMPO (ATÉ 1980)

Benefícios	Casas	%
com fossa	554.206	7,44
(sem fossa)	(6.797.651)	(91,37)
lenha/carvão	6.356.409	85,44
têm eletricidade	1.594.744	21,44
têm geladeira	1.014.050	13,63
têm televisão	1.166.783	15,68
Total de casas pesquisadas	**7.439.658**	

Fonte: Dados do IBGE, 1991.

Vejamos agora como esses índices evoluíram. O *Anuário Estatístico do IBGE*, de 2000, informa que em 1999 existia essa situação:

CONDIÇÕES DE VIDA NO CAMPO (1999)

Benefícios	Casas	%
com fossa	942.855	11,80
(sem fossa)	(7.037.643)	(88,18)
têm eletricidade	6.019.764	75,43
têm geladeira	4.191.997	52,52
têm televisão	5.093.221	63,82
Total de casas pesquisadas	**7.980.498**	

Fonte: *Anuário Estatístico do IBGE*, 2000.

Comparando as duas pesquisas, fica evidente que o acesso aos bens de consumo aumentou sensivelmente. Mas isso não significa uma real melhoria na qualidade de vida do homem do campo. Especialmente se atentarmos para o fato de que continua praticamente inexistente um sistema de atendimento de saúde e educacional e que o aspecto sanitário permanece crítico. Não vamos nos alongar explicando que, principalmente "de Minas e Goiás para cima", as geladeiras na zona rural são "dadas" pelo fazendeiro para conservar as vacinas do gado, e o camponês, quando muito, nelas resfria água. Igualmente, a eletricidade não é um conforto doméstico, mas uma necessidade, na maioria das vezes, de serrarias, agroindústrias etc. Deixando isso de lado, observamos que pelo menos em torno de 32 milhões de camponeses (supondo que em cada uma das quase 8 milhões de casas morem de quatro a seis pessoas) não têm fossa séptica nas suas casas. Isso equivale a dizer que existem cerca de 32 milhões de pessoas, só na zona rural, fazendo "cocô atrás da moita".

O quadro da miserabilidade

Agora, vejamos quanto ganha o trabalhador rural.

O *Anuário Estatístico do IBGE*, de 2000, informa que em 1999 existiam 71.676.219 trabalhadores no Brasil, dos quais 17.372.105 eram camponeses e também moravam no campo — eles compõem a segunda maior força de trabalho brasileira (24,24%) e representam 54,55% da população rural de 31.845.211 pessoas (observe que a maioria da população infantil rural trabalha). Temos essa situação em 1999, segundo os dados do IBGE:

POPULAÇÃO ATIVA DE MAIS DE 10 ANOS

Total de Trabalhadores	71.676.219
Trabalhadores Urbanos	54.304.114 (75,76%)
Trabalhadores Rurais	17.372.105 (24,24%)

Fonte: Dados do IBGE, 1991.

DIVISÃO DOS TRABALHADORES RURAIS POR SALÁRIO MÍNIMO RECEBIDO EM 1991

sem renda	1/2 salário	até 1 salário	1 a 2 salários	2 a 5 salários	5 a 10 salários	+ de 10 salários
4.006.316	1.644.468	3.124.441	2.830.187	1.797.973	395.100	268.718
(28,48%)	(11,70%)	(22,21%)	(20,12%)	(12,79%)	(2,8%)	(1,9%)

Fonte: *Anuário Estatístico do IBGE*, 2000.

DIVISÃO DOS TRABALHADORES RURAIS POR SALÁRIO MÍNIMO RECEBIDO EM 1999

1/2 salário	até 1 salário	1 a 2 salários	2 a 5 salários	5 a 10 salários	+ de 10 salários
2.418.878	9.759.077	7.708.259	4.573.204	3.171.939	472.008
(8,61%)	(34,73%)	(27,43%)	(16,27%)	(11,29%)	(1,67%)

Fonte: *Anuário Estatístico do IBGE*, 2000.

Nessa última tabela, o número de trabalhadores rurais é maior do que o total de lavradores que moram na zona rural, porque entre os profissionais que recebem salários oriundos da atividade agrícola, incluíram-se os burocratas, os executivos, os técnicos etc., que trabalham para o agronegócio, embora não morem no campo, isto é, não são lavradores.

O Brasil está entre os pouquíssimos países do mundo que têm em suas estatísticas "trabalhadores sem renda" — um eufemismo para trabalho escravo (são lavradores que, por não terem salário nem renda, ficam "agregados" em fazendas, sítios ou usinas, prestando serviços em troca da subsistência). Em 1991, eles eram cerca de 4 milhões e atualmente esse número continua quase o mesmo. Para se ter uma idéia mais precisa da situação do trabalhador do campo, vamos analisar os dados de 1991, evitando as distorções possíveis se usarmos os dados mais recentes, de 1999, que estão "inflados" com os salários de executivos, técnicos etc. e que não informam sobre o número dos trabalhadores sem renda, conhecido oficialmente como "trabalho forçado".

sem renda a 1/2 salário	5.650.784 (40,18%)
sem renda a 1 salário	8.775.225 (62,39%)

Isso significa que os patrões rurais têm 5.650.784 empregados recebendo até meio salário mínimo, dos quais 70,9% não ganham nada — são os 4.006.316 trabalhadores sem renda recenseados pelo IBGE em 1991. E a maior parte da mão-de-obra recebe até um salário mínimo, representando os 8.775.225, dos quais 64,4% ganham menos de meio salário mínimo e 46,3% não ganham nada. Se quisermos uma estatística "mais amena", podemos aceitar, com muito boa vontade, que o trabalho no campo é feito, em sua maioria, pelos trabalhadores sem renda e os que ganham até dois salários mínimos. Eles são 11.605.412, representando 82,51% da mão-de-obra camponesa.

Os que ganham acima de cinco salários mínimos, além de serem uma minoria de 2,8%, caindo para 1,9% quando o salário é maior que dez mínimos, são os feitores, gerentes, burocratas, agrônomos, veterinários, técnicos etc., sendo que a maior parte presta serviços rurais, mas "não está nem é" do campo. Assim, constatamos que 82,51% dos trabalhadores rurais são a mão-de-obra efetiva no campo, ganhando de zero até dois salários mínimos.

7. Em vez de melhorar, piora

A SITUAÇÃO DO HOMEM DO CAMPO PIOROU. COM MENOS GENTE NA ZONA RURAL, OS QUE RESTAM — ESPECIALMENTE NO NORTE, NO NORDESTE, NO CENTRO-OESTE E NO VALE DO JEQUITINHONHA — ESTÃO ABAIXO DA LINHA DE POBREZA. NO *ranking* DA ONU, O BRASIL É UM DOS PAÍSES DE PIOR QUALIDADE DE VIDA NO MUNDO, SÓ SUPERADO POR ALGUNS AFRICANOS. A INJUSTIÇA ORIUNDA DO CAMPO REFLETE-SE EM TODA A SOCIEDADE.

A miséria aumentou

Em 1965, um relatório da ONU afirmava que 93,8% da área das terras agricultáveis da América Latina estava distribuída entre 7% dos proprietários. A área restante (6,2%) dividia-se pelos outros 93% dos proprietários.

Em 1978, um documento conjunto da Comissão Econômica para a América Latina (Cepal) e da Organização das Nações Unidas para a Alimentação e Agricultura (FAO) denunciou que a miséria na América Latina havia aumentado:

> (...) os dados relativos à distribuição de renda agrícola e ao crescimento demográfico sugerem que a miséria rural se expandiu durante 1950/1975, apesar de o aumento do Produto Interno Bruto por habitante (...) haver crescido em 59% no mesmo período.

O aumento do Produto Interno Bruto (PIB) da América Latina pouco modificou as condições miseráveis de vida do povo. O latifúndio continuou o mesmo, e a simples constatação de que 7% dos proprietários detêm 93,8% das terras demonstra a extraordinária força política que essa gente tem. Com o tão propalado "fim do socialismo" e a expansão ideológica e pragmática do neoliberalismo, em uma economia globalizada, dirigida pelas multinacionais, a possibilidade de uma mudança na estrutura social é remota.

Ocorreu na América Latina a vitória política dos ricos sobre os pobres. A América Latina — e o Brasil em particular — atualmente é um apêndice da economia do chamado Primeiro Mundo: aqui se despejam as sobras e obriga-se ao consumo de supérfluos, na tentativa de eliminar a crise global das economias centrais, saturadas e atingidas pelo desemprego.

JOEL SILVA/FOLHA IMAGEM

Filas de candidatos a qualquer trabalho são comuns nas grandes e médias cidades, como esta, em Ribeirão Preto (SP). É difícil o camponês integrar-se ao ritmo urbano, o comum é sobreviver do subemprego, aumentando o caos social nas cidades.

JOEL STETTENHEIM/CORBIS-STOCK PHOTOS

Mesmo países desenvolvidos, como os Estados Unidos, sofrem com o esvaziamento do campo. Trabalhadores desses países formam filas de desesperança como as que existem no Brasil.

Para explicar o domínio completo de organismos financeiros internacionais sobre governos formalmente soberanos, como os do Brasil, da Argentina, do Peru e do Chile, não bastam os argumentos tradicionais da "teoria da dependência". É preciso juntar à teoria sociológica uma investigação sobre os métodos de manipulação cultural e política que se praticam na América Latina. Desvirtuam-se e manipulam-se os fatos com tamanho despudor, porque a concentração de renda dá um poder político e um poder econômico que garantem a impunidade dos mentirosos. E não raro estes são cercados por uma propaganda que os apresenta como os "donos da verdade".

A concentração econômica da terra, gerando o correspondente na renda nacional, possibilita a manipulação quase total da informação. Os governos, as classes dominantes e os políticos podem mentir à vontade — e têm se fartado disso, sem que haja possibilidade de contestá-los. Não é preciso dizer que eles são os donos dos meios de comunicação.

O processo é mais insidioso do que aparenta. Já não se trata da dificuldade material de desmentir o *Jornal Nacional*, da Rede Globo, por exemplo, ou de contestar notícias e opiniões de grandes jornais como a *Folha de S.Paulo* — para citar o mais "liberal" deles... —, mas simplesmente de convencer o cidadão das ruas, o chamado "homem comum", de que a mentira é mentira. Há um consenso de que o *Jornal Nacional* mente. Já foi flagrado mentindo várias vezes. No entanto, suas mentiras, que todos sabem que o são, prevaleceram. Ele foi "absolvido" — sem ser julgado sequer — pelo povo e continua impávido... mentindo. E isso não é o pior: os meios de comunicação já não precisam mentir — basta-lhes, apenas, omitir. É o que têm feito.

A não-democracia brasileira

Essa situação ocorre em sociedades não-democráticas. A não-democracia brasileira permite tais abusos de poder, porque se apóia no abuso maior: este país tem dono, ou seja, pertence a uns poucos latifundiários, que, historicamente, estruturaram-se como classe e lançaram seus tentáculos em todos os ramos do poder.

Por mais que pareça estranho a algumas pessoas, a não-democracia, com todos os males conhecidos na América Latina e no Brasil em particular, explica-se facilmente pela repetição desta "fórmula":

Área/Terras %	Proprietários %
93,8	7,0
6,2	93,0
100,0	100,0

Esse é um poder imensurável e difícil de ser entendido até pelas economias que nos exploram, como as européias. Como se sabe, no Brasil uma propriedade com área abaixo de 500 hectares é considerada "média". Na Europa, a área média das propriedades rurais equivale quase a um minifúndio brasileiro. Na Inglaterra, a área média é a maior, com 68 hectares. Na França, o tamanho médio das propriedades rurais é de 24 hectares; na Dinamarca, 20; na Finlândia, 19; na Suécia, 17; na Irlanda, na Áustria e na Holanda, 16; na Alemanha Ocidental, 10 (antes da unificação); e na Itália, 7 hectares. Nos países asiáticos, a área média baixa mais ainda: no Japão, 1,1 hectare e na Indonésia, 1. Mesmo nos Estados Unidos, onde a concentração de terras aumentou depois da consolidação do capitalismo moderno — a partir do século XIX — e hoje a mecanização atinge quase todo o campo, a área média das propriedades é de 212 hectares.

Essa diferença na concentração de terras determina também uma conformação política não-democrática.

Finanças e latifúndio

Os principais teóricos do capitalismo, observando o que ocorre na prática, entendem que a reforma agrária é uma necessidade para a agilização do sistema e a ampliação dos mercados, aumentando o número de proprietários e fortalecendo a iniciativa privada. Em resumo: o capitalismo retardatário e com problemas de desenvolvimento necessita de uma reforma agrária para permanecer como sistema dominante e gerar mais lucros aos empresários.

Por que, então, no Brasil, as elites econômicas industriais e financeiras são contra a reforma agrária, que teoricamente as beneficiaria? A resposta é complexa, mas um dos motivos se prende ao fato de que, neste país, os capitais investidos no comércio, na indústria e nas finanças vieram do latifúndio ou associaram-se a ele. Historicamente, o latifúndio estabeleceu sua base de poder político e tomou o governo desde a colônia, consolidando-se no Império e atualizando-se na República. Hoje, há uma associação de atividades especulativas entre o latifúndio e o capital financeiro. Por exemplo: segundo dados oficiais, os grandes bancos e outros grupos financeiros possuem mais de 22 milhões de hectares de terras "em estoque". Isso quer dizer que, no Brasil, o capital financeiro já não especula apenas com o dinheiro, mas também com a terra. Daí toda essa moderníssima e informatizada elite econômica neoliberal preferir um sistema de posse de terra que lhe garante inúmeras opções de lucro. Qualquer alteração na estrutura fundiária reflete imediatamente nos negócios desses grupos. Desnecessário dizer que são esses grupos que "fazem" e "controlam" os políticos que, hipoteticamente, poderiam realizar uma reforma agrária.

Extensão e ociosidade das terras

Vamos ver o que representam os latifúndios, em extensão, medindo o seu total em quilômetros quadrados e comparando-o com as dimensões das cinco regiões brasileiras. Note que o Brasil é o único país em que a propriedade particular pode ser calculada confortavelmente em quilômetros quadrados e que apenas a Região Norte tem área maior que a área total dos latifúndios.

Área de Latifúndio (em km^2)	Região Nordeste	Região Sudeste	Região Sul	Região Centro-Oeste	Região Norte
2.048.987	1.561.177,8	927.286,2	577.214	1.612.077,2	3.869.637,9
	−487.809,2	−1.121.700,8	−1.471.773	−436.909,8	+1.820.650,9

Na área total do latifúndio brasileiro cabem folgadamente, todos juntos, a Bélgica, a França, a Espanha e a Alemanha.

No que se refere ao uso da terra, o IBGE demonstra que na safra de 1990-1991 apenas 12,3% da área agricultável foi plantada. Em 1999, essa área aumentou para 13,98%. A supersafra (predominantemente de soja e de outras culturas para exportação) de 2003-2004 não aumentou a área plantada. É o maior desperdício de terras úteis da história mundial contemporânea: 87,7%, em 1991, e 86,02%, em 1999, das terras cultiváveis ficaram sem plantio.

ÁREA AGRICULTÁVEL X PLANTIO (1999)

Área total (em hectares)	Plantada	%	Sem plantio	%	Latifúndio sem plantio	% total	% sem plantio
376.892.898	52.908.898	13,98	323.984.000	86,02	163.919.003	43,7	49,83

Fonte: Dados do IBGE, 2000.

Na safra de 1990-1991, o latifúndio sem plantio foi igual a 43,7% da área total agricultável do País e a 49,83% da área sem cultivo, e 3,56 vezes maior do que a área plantada. Em 2003-2004, o aumento da safra deu-se pela melhor produtividade, e não pelo aumento da área plantada. Se quisermos outro dado comparativo, a área plantada significou apenas 28,1% do latifúndio improdutivo[13].

Se houvesse uma política de redistribuição de terras inexploradas ou improdutivas e um planejamento agrícola consciente, o Brasil não só seria o maior produtor de alimentos do mundo, mas também criaria um mercado interno capaz de dobrar e absorver a produção da sua indústria. Uma política agrária refletiria em toda a economia nacional, vita-

[13] Não estamos levando em conta, ainda, a utilização anti-social dessa terra. Por exemplo: em 1998, os latifúndios de cana-de-açúcar e de soja representaram, sozinhos, 34,6% da área plantada, certamente em prejuízo de alimentos básicos. A soja ocupou 13.319.749 hectares e a cana-de-açúcar, 5.049.953 hectares, respectivamente 25,2% e 9,4% da área plantada.

lizando-a e permitindo ao País um desenvolvimento auto-sustentável, com a abertura de novas frentes de trabalho e consumo, em lugares nos quais hoje prevalece a miséria social.

Mas isso não acontece, porque as classes dominantes, por meio da sua elite política e empresarial, aferram-se ao modelo anacrônico, tirando dele tudo o que podem antes que o País afunde no desespero e na falência social. E, do ponto de vista dessas classes, herdeiras da tradição escravista, estão com a razão.

Os ricos do Brasil são, proporcionalmente ao produto nacional, os ricos mais ricos do mundo. Neste país existe, há muitos anos, a maior concentração de renda mundial, e não há limite para a propriedade e o lucro.

A raiz dessa situação está na posse da terra.

Os governos brasileiros nunca se esforçaram para mudar esse quadro. O governo de Fernando Henrique Cardoso, por exemplo, já no início empenhou-se em reformar a Constituição, visando ampliar ainda mais o neoliberalismo econômico. Mas esse governo não apresentou nenhum projeto original para modificar a forma de desapropriação de terras; pelo contrário, deu seqüência aos inócuos procedimentos anteriores — toda terra desapropriada pelo governo é passível de sofrer reintegração de posse ao latifundiário, em ações que duram anos. Hoje, no governo Lula, a desapropriação como está sendo programada, para o "assentamento de famílias", não muda uma vírgula na estrutura fundiária de concentração das propriedades rurais.

Um campeão da miséria

A injustiça não atinge apenas o homem do campo. Toda a sociedade sofre e perde, inclusive as camadas da classe média que se aliam aos poderosos, geralmente temerosas... do "socialismo". É interessante notar que o controle ideológico conseguiu realizar uma lavagem cerebral completa: é comum a identificação da reforma agrária, tarefa histórica da burguesia, com a "revolução comunista"[14]. Como é óbvio, todos pagam

[14] Antes do fim da União Soviética, a "revolução comunista" era vista com temor. Hoje, a identificação de qualquer processo de mudança social com o socialismo é "denunciada" como uma postura "jurássica" ou coisa do gênero.

mais caro pelos produtos do campo. Mas há algo mais grave, que é um dos efeitos do desequilíbrio das relações sociais no campo.

Basta observarmos as estatísticas da renda nacional. Na década de 1980, o Brasil tinha a pior distribuição de renda do mundo — e hoje as mudanças são mínimas (estamos em segundo lugar...). Naquela década, 10% dos considerados mais ricos ficavam com 50% da renda nacional e 40% da população considerada mais pobre detinha 7% dessa renda.

Isso é a realização do que a classe média teme: a proletarização, o empobrecimento de uma classe que sonha "subir" e que, na verdade, funciona como "amortecedor" entre os ricos e os pobres. A distribuição de renda em 1990, segundo o Instituto de Pesquisa Econômica Aplicada (Ipea), consagrou novamente o Brasil como o campeão das desigualdades sociais. Um por cento da população ficou com 14,6% da renda — foi um novo recorde mundial[15] — e os considerados 50% mais pobres ficaram com 11,2%. Isso significa que cerca de 1,5 milhão de pessoas conseguiram mais do que 73,5 milhões. Os 20% mais ricos ganharam 25 vezes mais que os 20% mais pobres. Eis os números "frios":

1% mais ricos = 14,6% da renda
50% mais pobres = 11,2% da renda

Em 1999, a situação permanece quase a mesma. Analisando os dois extremos, segundo dados do IBGE publicados em 2000, verificamos que na virada do século, os 10% mais ricos ficaram com 45,7% da renda nacional e os 10% mais pobres receberam 1% dessa renda. Significa que cerca de 8 milhões de brasileiros que recebem mais renda ganharam 46

[15]Segundo dados do Banco Mundial, o Brasil liderava a lista da pior distribuição de renda, com 20% dos mais pobres ficando com apenas 2,4% da renda. Quase empatando vinha Botsuana, na África, onde 20% da população fica com 2,5% da renda. Os países que tinham a melhor distribuição de renda do mundo em 1990 eram, pela ordem: Hungria, Suécia, Polônia, Noruega, Bélgica, Finlândia e Dinamarca (todos no continente europeu).

vezes mais do que coube aos 8 milhões mais pobres. Se repetirmos para 1999 a comparação feita em 1990, veremos que a situação é também a mesma atualmente, pois 1% dos mais ricos ficam com 12,5% da renda nacional. Dessa forma temos o seguinte quadro em 1999:

1% mais ricos = 12,5% da renda
10% mais ricos = 80,0% da renda
89% mais pobres = 7,5% da renda

Verifica-se que a situação melhorou para os 11% mais ricos e piorou para os 89% mais pobres: os milionários ficaram mais milionários; os ricos, mais ricos; e os pobres, mais pobres. A partir de 1960, a concentração de renda tem aumentado, favorecendo os mais ricos e empobrecendo os mais pobres.

Resultado dessa "evolução" dos últimos anos: o Plano das Nações Unidas para o Desenvolvimento, órgão da ONU, tem situado o Brasil entre 70º e o 74º lugar na classificação mundial de condições de vida, depois de analisar os índices de analfabetismo, distribuição de renda e mortalidade infantil. Antes de 1990, o Brasil estava em 50º lugar. Nos últimos quinze anos, pioramos a ponto de "ganhar" 24 posições no *ranking* mundial da miséria. Mas as nossas elites econômicas podem festejar: o Brasil ampliou a sua vantagem como um dos países de maior concentração de renda do mundo[16].

Esse quadro só é possível, porque a raiz que o "segura" é a concentração de terras — o latifúndio —, que estimula a concentração de rendas e multiplica a miséria.

[16] Em uma pesquisa do Banco Mundial, com dados de 1985 a 1988, o Brasil já liderava entre os países que possuíam a pior distribuição de renda. A melhor distribuição ocorria, em 1988, na Hungria. Naquele país, então socialista, os 20% mais pobres tinham 10,9% da renda nacional e os 10% mais ricos, 18,7%. Já a do Brasil era a pior. Seus 20% mais pobres tinham apenas 2,4% da renda. Os 10% mais ricos ficavam com 46,2%, abaixo da Malásia (na Ásia), de Botsuana (na África) e do Sri Lanka (este último também na Ásia). Observem a diferença entre a Hungria e o Brasil: 10,9% contra 18,7% e 2,4% contra 46,2%, respectivamente. A desigualdade entre pobres e ricos na Hungria era de 7,8 pontos, enquanto no Brasil, de 43,8 pontos... Em 2004, o Brasil tinha a segunda maior concentração de renda do mundo, só superado por Botsuana.

MARCOS PERON/KINO

À medida que a situação no campo piora, crescem as favelas nas grandes e médias cidades.

O mapa da fome

Na zona rural, segundo pesquisa de 1990 do IBGE, 4.054.247 famílias passam fome. Embora o censo de 1999 não informe esse dado, sabe-se — e o próprio governo atual confirmou, ao apresentar o programa Fome Zero — que esse número permanece quase o mesmo em 2004. Calculando-se que cada família tem em média cinco membros, teremos 20.271.235 pessoas. Considerando-se, então, que existem 31.845.211 pessoas habitando o campo, conclui-se, portanto, que 63,65% da população camponesa passa fome (há dez anos eram 56,24%: houve um aumento de 11,64% no número de famintos, embora tenha diminuído a população rural). Destaque-se que, no total das famílias nessa condição, o IBGE não incluiu a Região Norte, por falta de dados.

A região que mais apresenta famintos no campo é a Nordeste, com 2.404.809 famílias. No Sudeste, registram-se 760.493; e mesmo o Estado de São Paulo, o mais desenvolvido do País, tem 154.333 famílias passando fome no campo. O Sul tem 674.467 famílias famintas e o Centro-Oeste, 214.479. Como já dissemos, não há dados da Região Norte. Esses são números oficiais e reconhecidos pela Presidência da República no governo Fernando Henrique Cardoso, terminado em 2002, que, baseando-se neles, fez um "Mapa da Fome", já que se referem a pessoas que "passam fome". Entretanto, além dessas famílias que estão em um limite crítico, há os subnutridos, aqueles que ingerem uma quantidade de calorias inferior à recomendada pelos organismos de saúde. O Fundo Internacional de Desenvolvimento Agrícola (Fida), órgão da ONU, coloca o Brasil entre os países em que a pobreza rural aumentou mais nos últimos vinte anos, ao lado do Sri Lanka, do Quênia e da Zâmbia (os dois últimos na África). Para o Fida, 73% da população rural brasileira está vivendo "em situação de miséria absoluta", e, segundo a ONU, o Brasil é o sexto país do mundo onde mais se passa fome.

Considerações finais

O que se conclui disso?

Segundo dados oficiais do IBGE, do Ipea e de vários ministérios e órgãos governamentais e internacionais, no Brasil existe uma das maiores concentrações de renda mundial (nos últimos dez anos tem oscilado entre ser a maior e a segunda do mundo). Aqui estão os maiores latifúndios do mundo, cuja extensão está crescendo. Esse quadro socioeconômico gera situações que explodem em "violência formal": repressão, assassinatos etc.

Porém, o mais grave é o "conteúdo" dessa violência concentracionária da propriedade da terra. Enquanto não houver uma nova política fundiária, com a distribuição "real" da terra para o lavrador, o ciclo violento não cessará. Esse ciclo de violência não fere apenas o homem do campo, mas toda a sociedade, uma vez que tem como conseqüências a falta e a carestia de alimentos, o desequilíbrio ecológico, a deterioração urbana e o crescimento das favelas e dos subúrbios sem as mínimas condições de habitabilidade.

Infelizmente, os brasileiros têm medo de encarar essa realidade. Alienação, comodismo, irresponsabilidade, insensibilidade, nenhuma solidariedade com o próximo levam as pessoas a ignorar que tais problemas existem, ou a fingir que nada têm a ver com eles. Disso se aproveitam os donos do poder, aqueles que, pela indiferença ou incompetência política da nação, apoderaram-se das suas riquezas e cresceram cada vez mais, matando milhões de pessoas de fome e preparando para outras um futuro dos mais sombrios.

Mas as coisas costumam mudar...

Apêndice

O texto a seguir é a transcrição de uma reportagem do autor, publicada em 2 de dezembro de 1995, no semanário *Tribuna Ribeirão*, de Ribeirão Preto (SP). O autor acompanhou a caminhada do MST na semana de 19 a 23 de novembro de 1995, no Pontal do Paranapanema, região de Presidente Prudente (SP). A reportagem é importante na medida em que conta como os sem-terra se organizam e caminham nas estradas e quais são seus objetivos. Embora a situação dos sem-terra e o MST tenham mudado nesses anos (e também a percepção que disso tem a sociedade), esse texto permanece válido para demonstrar o estado de espírito dos trabalhadores — especialmente dos que têm raízes no campo — ao ingressarem na difícil caminhada da conquista da terra.

A caminhada da esperança

Acompanhei os sem-terra que caminharam dos seus acampamentos no Pontal do Paranapanema até Presidente Prudente. Eram umas 2,5 mil pessoas, entre homens, mulheres e crianças. Vi uma organização política surpreendente. Uma consciência única, traduzindo-se em uma palavra mágica: terra.

A imagem que a grande imprensa passa dos sem-terra, se não é totalmente falsa, é omissa. São homens e mulheres no limite da pobreza, os pés estropiados, tênis e alpercatas prontos para o lixo, muitos descalços. Mas eles não caminham com os pés: andam com um sonho. Um sonho bem real, porque os companheiros do Zé Rainha e da Diolinda (líderes do movimento) já venceram a batalha.

Nada menos que 1,8 mil deles estão definitivamente assentados em seus lotes de terra; setecentos estão assentados emergencialmente, informa o Instituto de Terras de Presidente Prudente. Esses lavradores plantam e colhem. Compram sementes, adubos, tratores. E pagam. Consomem no comércio de Sandovalina, Pirapozinho e Presidente Prudente mais do que os latifundiários da região.

A Retífica Aurora, revendedora dos tratores Ford em Presidente Prudente, vendeu mais máquinas e implementos ao MST do que aos pecuaristas da região. As vendas foram tão boas que a retífica entregou, com uma festa ao MST, o mais moderno trator vendido em Presidente Prudente. Os lavradores assentados trabalham e administram com sucesso suas terras e usufruem de linhas de crédito oficiais, como o Procera. Pelo menos 2,5 mil famílias atestam o sucesso da ocupação da terra: já têm seus lotes assegurados, plantam, colhem e obtêm lucros. Mas não abandonam a luta, porque sabem que, quanto mais assentados, mais fortes e seguros todos estarão.

As lideranças do MST esperam assentar 40 mil famílias no Pontal. O que significa que a luta mal começou. O sucesso dos lavradores assentados não aparece nos jornais e na televisão. Eles só são notícia quando caminham pelas estradas ou são envolvidos em incidentes políticos ou policiais. Se um assentado vende um lote, a imprensa da região faz um escândalo.

A caminhada — Os sem-terra caminham em fila dupla, ocupando metade da pista da estrada. Cada um tem seu lugar na fila. Todos os dias, ao formarem a fila, todos ocupam o mesmo lugar. Caminharam no último dia, cerca de 2,5 mil pessoas, saindo de Pirapozinho. Estavam divididas em grupos, por origem de acampamentos. Os grupos variavam de quarenta a 150 pessoas. Há um coordenador-geral. Depois cada grupo elege os seus coordenadores e fiscais. Existem os coordenadores de saúde, alimentação, trânsito, água, transporte etc. Os coordenadores identificam-se por qualquer pedaço de plástico que pegam no acostamento e amarram no braço.

O coordenador-geral de água, por exemplo, trabalha em conjunto com os coordenadores de água dos grupos. De tempo em tempo, um dos caminhões passa distribuindo água, recolhida em copos ou garrafas. Também distribui-se soro para evitar a desidratação. A entrega do soro é organizada pelos coordenadores de saúde.

A alimentação — Arroz, feijão e carne de boi com batata ensopada — já está disponível quando a caravana chega ao local do descanso e almoço. Os sem-terra fazem fila, "passam a marmita" e recebem o almoço. Depois do almoço, há um caminhão com água apenas para lavar as vasilhas e talheres. A comida é feita pela Comissão Eclesial de Base (CEB) mais próxima que apóia o movimento. É saborosa, servida quente. Abundante.

Humor — Organizados, disciplinados e conscientes, têm tudo para ser um movimento "quadrado". Ledo engano: nunca vi uma batalha política ter tanto bom humor. A malícia do homem do campo está presente por trás de cada palavra de ordem. Não há um daqueles branquelos que carregam máquinas fotográficas e escrevem em caderninhos (por aqui são chamados de jornalistas) que não receba um apelido ou não seja alvo de um comentário. Diga-se de passagem que eles nem percebem.

A caravana é "puxada" por um carro de som poderoso e "fechada" por outro. Uma espécie de animador dá recados, distribui ordens, pede providências para os coordenadores e também anuncia música e os que fazem discursos ou depoimentos.

(...)

O animador, ou algum líder ou aliado, solta o verbo nos carros de som: "Vocês aí, companheiros, caminhoneiros, lavradores, estão vendo a gente passar. Nós não fazemos violência, não queremos guerra, queremos terra. Nós vamos plantar pra comida ficar mais barata. O caminhoneiro vai ter mais carga. O que a imprensa está dizendo da gente não é verdade. Nós não somos violentos, queremos terra".

A Polícia Militar e a Polícia Rodoviária observam de longe. Na frente da caminhada, com um capacete de petroleiro durante longo tempo, vai Diolinda, ladeada por dois sem-terra, um com a bandeira do Brasil, outro com a bandeira do MST. De vez em quando, ela fala com alguém, dá instruções. Está quase mancando... Puxa a perna e esconde uma careta de dor. Se estivesse em jogo de futebol, o locutor suspeitaria que ela teve uma "fisgada".

O seu companheiro, José Rainha, só aparecerá quando estiverem quase chegando a Presidente Prudente: os "homens" querem prendê-lo e ele foi se garantir em São Paulo, de onde voltará com seus advogados e alguns deputados, que, de terno e gravata, descaradamente pegam carona e acenam para as câmeras da televisão.

A imprensa — É um espetáculo nessa caminhada. Repórteres de jornal e televisão ficam "em cima" o tempo todo. Vi fotógrafos gastarem dez filmes, usando objetivas fantásticas, subindo em morros, armando tripés fabulosos para sustentar teleobjetivas eletrônicas. As fotos publicadas nos jornais *Folha* e *O Estado de S. Paulo*, no entanto, estavam desfocadas e eram ruins demais. Para quem e por que tantas fotos que não são publicadas?

Vi o cinegrafista da Globo de Presidente Prudente colocar a câmera no tripé, bem próxima ao chão, e gravar caras e caras e caras dos sem-terra que passavam. Todos eles gravaram horas, de todos os ângulos, de todas as formas. Para quê? Não sai nada. Eles conversam, gravam e tomam nota de material que daria para escrever uma enciclopédia. Mas não publicam. Deve ser uma nova forma de jornalismo...

Cantoria — Enquanto o sol castiga, o povo canta. Caminhei ao lado de um homem magro, de uns 30 anos, a imagem da pobreza na cara. Aqueles loiros do Paraná, o semblante entre Jesus e Chê. Ele andava dobrado, a bandeira do MST firme nas mãos sujas. O tênis mostrava, no pé esquerdo, o dedinho, no pé direito, o dedão. Ele não dava uma palavra. Caminhava sério, compenetrado. Até que percebeu que eu o observava. Olhou-me de lado, com olhos mansos, e disse, quase em um murmúrio: "Vou ganhar terra!".

Como diria Vinicius de Moraes, "ah!, pátria minha, tão pequeninha"... O serviço de som avisa que alguém vai cantar. São canções que eles mesmos fizeram, usando melodias conhecidas, como a *Asa Branca,* ou hinos religiosos, como este *Bendito*:

> Bendito, louvado seja
> (...)
> Para a terra prometida,
> o povo de Deus marchou,
> Moisés andava na frente.
> Hoje Moisés é a gente,
> quando enfrenta a repressão.
> (...)
> Caminhemos pela estrada,
> muita cerca pelo chão,
> todo arame e porteira
> merecem corte e fogueira,
> são frutos da maldição.

O grande *hit*, porém, é a canção com a melodia da *Asa Branca*:

> Quando vejo tanta terra
> espalhada por aí,
> eu me pergunto, ai,
> com que direito
> eles querem tirar
> a gente daqui.
> (...)
> Toda gente tem direito
> de ter terra pra morar,
> porque aquilo
> que é de todos
> é mais que um roubo
> acumular.

Bonitos — De repente, um foguetório. A caravana deixava o município de Pirapozinho e entrava nos limites de Presidente Prudente. As pessoas vão ficando tensas. O prefeito havia dito que não permitiria a entrada dos sem-terra. O animador entusiasma o povo: "O que nós somos?". Pelo menos para mim, a resposta pareceu fantástica: "Bonitos!" Isso aí, o locutor perguntava e os sem-terra respondiam, entusiasmados: "Bonitos!".

Foi então que percebi: eles se amam. Aqueles pobres têm uma autoestima que o brasileiro médio já perdeu sem perceber. Pela primeira vez ouvi uma multidão dizer que é bonita. Cadê o antropólogo que se impressiona com isso?

Mais um pouco, mais bolhas nos pés, a caminhada entra na cidade de Presidente Prudente. Nada do que o prefeito falou: o povo aplaude. José Rainha faz a sua festa, vibrando a bandeira do MST quando alguém do povo grita seu nome. No caminhão de som, o animador cede lugar àquela tampinha de gente e a sua voz sacode os latifundiários de Prudente.

Ela diz — e as pessoas nas calçadas murmuram, "é a Diolinda! é a Diolinda!" — que os sem-terra sempre entrarão em Presidente Prudente, porque são pacíficos, ordeiros e têm dignidade. São contra a violência. Querem paz. Mas não deixa de dar seu recado, que faz brilhar os olhos dos pobres que timidamente assistem à caravana passar.

O recado — Ela diz que os pobres e os desempregados, os favelados, os perseguidos podem procurar o MST para se cadastrar. E com todas as letras afirma que o MST vai ocupar as terras do Pontal, vai ocupar o latifúndio improdutivo, e distribuir, a quem precisa, terra para trabalhar.

O comércio, que o prefeito queria fechado, está aberto. Para os comerciantes Diolinda também dá o seu recado. Diz que eles estão vendo como os sem-terra são ordeiros e dignos, que eles sabem que os sem-terra têm vergonha na cara, e que compram mais no comércio de Prudente do que os latifundiários, que vão gastar o seu dinheiro em São Paulo, Rio de Janeiro e na Europa.

Diolinda deu o recado. Diz que gostaria de oferecer um buquê de flores ao prefeito, se o encontrasse. A caravana chegou ao centro, tomou a praça. Subiram ao palanque e fizeram um ato político. Depois voltaram para o acampamento. O buquê de flor, Diolinda não pôde entregar ao prefeito: quando viu que o comércio não fechou, ele deixou a cidade, para lugar incerto e não sabido.

Caldo de cultura da violência

Enquanto não se faz a reforma agrária, criam-se condições para a tensão no campo e nas cidades cujas economias dependem da agricultura. De um lado, os sem-terra não se conformam com a demora e a injustiça social. Cansados de esperar, às vezes partem para ações violentas e demonstram mais desespero do que lucidez política. Foi o caso, por exemplo, da invasão de um engenho em Pernambuco, em maio de 2003, conforme *O Estado de S. Paulo* noticiou em 20 de maio de 2003:

> Ainda era escuro, antes das 5 horas, quando cerca de 250 trabalhadores sem-terra armados com foices, facões, enxadas e pedaços de pau invadiram ontem a sede do Engenho Prado, no município de Tracunhaém, a 65 quilômetros do Recife, e utilizando tochas e coquetéis *molotov* incendiaram 4 casas (entre elas a casa-grande), um galpão, 13 máquinas agrícolas — 6 carregadoras, 6 tratores e 1 retroescavadeira — e 15 bombas pulverizadoras. O prejuízo foi estimado em R$ 1 milhão. Os 14 vigilantes e policiais militares que guardam o local há dois meses nada fizeram para barrar os trabalhadores. A ação envolveu cerca de 2 mil sem-terra ligados ao Movimento dos Sem Terra (MST), Comissão Pastoral da Terra (CPT) e Federação dos Trabalhadores na Agricultura (Fetape).

De outro lado, latifundiários insuflam os preconceitos das classes médias; o tradicionalismo se transforma em reacionarismo, que se identifica com o racismo fascista; e os sem-terra são demonizados. Foi o caso da reação dos latifundiários à "Marcha Rumo ao Latifúndio", que partiu de Pântano Grande para São Gabriel, no Rio Grande do Sul, em junho de 2003. Os sem-terra pretendiam apoiar a desapropriação das cinco fazendas de Alfredo Southall, consideradas improdutivas pelo Incra e devedoras de R$ 21 milhões aos cofres públicos. Porém, o Supremo Tribunal Federal (STF) suspendeu a desapropriação. Os latifundiários sentiram-se "ameaçados" pelos sem-terra e, além de tomarem medidas práticas — obstrução das estradas e intimidação com jagunços —, distribuíram um panfleto à população de São Gabriel, lembrando as mais repudiadas táticas nazistas. Eis o panfleto:

GABRIELENSES DIZEM NÃO À INVASÃO E A SEUS APOIADORES

Povo de São Gabriel, não permita que sua cidade tão bem conservada nesses anos, seja agora maculada pelos pés deformados e sujos da escória humana.

São Gabriel, que nunca conviveu com a miséria, terá agora que abrigar o que de pior existe no seio da sociedade. Nós não merecemos que essa massa podre, manipulada por meia dúzia de covardes que se escondem atrás de estrelinhas no peito, venham trazer o roubo, a violência, o estupro, a morte. Estes ratos precisam ser exterminados. Vai doer, mas para as grandes doenças, fortes são os remédios. É preciso correr sangue para mostrarmos nossa bravura. Se queres a paz, prepara a guerra, só assim daremos exemplo ao mundo que em São Gabriel não há lugar para desocupados. Aqui é lugar de povo ordeiro, trabalhador e produtivo. Nossa cidade é de oportunidades para quem quer produzir e não há oportunidades para bêbados, ralé, vagabundos e mendigos de aluguel.

Se tu, gabrielense amigo, possuis um avião agrícola, pulveriza à noite 100 litros de gasolina em vôo rasante sobre o acampamento de lona dos ratos. Sempre haverá uma vela acesa para terminar o serviço e liquidar com todos eles.

Se tu, gabrielense amigo, és proprietário de terras ao lado do acampamento, usa qualquer remédio de banhar gado na água que eles usam para beber, rato envenenado bebe mais água ainda.

Se tu, gabrielense amigo, possuis uma arma de caça calibre 22 atira de dentro do carro contra o acampamento, o mais longe possível. A bala atinge o alvo mesmo a 1.200 metros de distância.

FIM AOS RATOS. VIVA O POVO GABRIELENSE.